इन्फोर्मेशन & कम्युनिकेशन टेक्नोलोॉजी सिस्टीम मेंटेनन्स ICTSM द्वितीय वर्ष हिंन्दी MCQ

मनोज डोळे

Made with ♥ on the Notion Press Platform
www.notionpress.com

डिजिटाइजेशन समय की मांग है। भविष्य में, प्रशिक्षण को अधिक सुविधाजनक और आसान बनाने के लिए ऑनलाइन इंटरनेट का उपयोग करके औद्योगिक प्रशिक्षण संस्थानों में प्रशिक्षण आयोजित करने की आवश्यकता होगी। एमसीक्यू प्रश्नों के एक सेट वाली ई-पुस्तकें प्रशिक्षुओं को उपलब्ध कराई जाएंगी क्योंकि उन्हें अपने औद्योगिक प्रशिक्षण संस्थानों में होने वाली ऑनलाइन परीक्षाओं की तैयारी के लिए बहुविकल्पीय प्रश्नों एमसीक्यू के अधिक आदी होने की आवश्यकता है।

इन सब बातों को ध्यान में रखते हुए औद्योगिक प्रशिक्षण संस्थान सतारा के प्रशिक्षक श्री मनोज मधुकर डोले ने नई वार्षिक प्रणाली और एनएसक्यूएफ-5 पाठ्यक्रम के अनुसार पुस्तकें लिखी हैं। और उन्होंने प्रशिक्षण को आसान बनाने के लिए सैद्धांतिक मोबाइल ऐप और ब्लॉग बनाए हैं, और इन सभी शैक्षिक सामग्री को विश्व प्रसिद्ध वेबसाइटों Google Play Store, Amazon और Apple Book Store पर डाउनलोड के लिए उपलब्ध कराया है।

पुस्तकों का प्रकाशन माननीय सहसंचालक श्री राजेंद्र घुमे साहेब प्रादेशिक व्यावसायिक शिक्षण व प्रशिक्षण कार्यालय, पुणे द्वारा दिनांक 9/1/2019 को किया गया, इस समय श्री प्रकाश सहगवकर साहब प्राचार्य शासकीय औद्योगिक प्रशिक्षण संस्थान औंध पुणे, श्री तुकाराम मिसाल साहेब प्राचार्य सरकार प्र. संस्था सतारा, श्री सचिन धूमल साहब जिला व्यावसायिक शिक्षा एवं प्रशिक्षण अधिकारी सतारा, श्री यतिन परगांवकर साहब प्राचार्य शासन. Q. संस्था कोल्हापुर, श्री विकास टेक साहब इंस्पेक्टर वोकेशनल एजुकेशन एंड ट्रेनिंग रीजनल ऑफिस पुणे, पालेकर फूड्स प्रोडक्ट्स प्रा. लि. सतारा के उद्यमी अध्यक्ष श्री नीलकंठराव पालेकर साहब, हीरा फूड्स के अध्यक्ष श्री इब्राहिम बाबा तंबोली साहब, श्रीमती शाल्मली पवार मुख्याध्यापिका शासकीय तकनीकी विद्यालय केंद्र सतारा सहित अन्य गणमान्य व्यक्ति इस अवसर पर उपस्थित थे।

क्रम-सूची

प्रस्तावना

इन्फोर्मेशन & कम्युनिकेशन टेक्नोलोजी सिस्टीम मेंटेनन्स ICTSM द्वितीय वर्ष हिंन्दी MCQ आईटीआई और इंजीनियरिंग पाठ्यक्रम सूचना और संचार प्रौद्योगिकी प्रणाली रखरखाव आईसीटीएसएम के लिए एक सरल पुस्तक है। इसमें रेखांकित और बोल्ड सही उत्तरों के साथ वस्तुनिष्ठ प्रश्न शामिल हैं, जिसमें सभी विषयों को शामिल किया गया है, जिसमें सुरक्षा और पर्यावरण के बारे में नवीनतम और महत्वपूर्ण, अग्निशामक यंत्रों का उपयोग, प्रतिरोधों और सोल्डरिंग, डी-सोल्डरिंग अभ्यास, इंडक्टर्स, माप इंडक्शन और ट्रांसफॉर्मर, कैपेसिटर के उपयोग शामिल हैं। , ट्रांजिस्टर के प्रकार और इसे एम्पलीफायरों, वोल्टेज, आवृत्ति, मॉड्यूलेटर / ट्रांसमीटर के मॉड्यूलेशन के रूप में उपयोग करते हैं। सूचना संचार प्रणाली, वर्ड प्रोसेसिंग और स्प्रेडशीट सॉफ्टवेयर, डेस्कटॉप कंप्यूटर के हार्डवेयर घटकों, ऑपरेटिंग सिस्टम और अन्य सभी एप्लिकेशन सॉफ्टवेयर, लैपटॉप पीसी के हार्डवेयर घटकों में उपयोग किए जाने वाले कुछ महत्वपूर्ण मैकेनिकल, इलेक्ट्रिकल और इलेक्ट्रॉनिक्स सहायक उपकरण के साथ काम करना । एसएमपीएस को बदलें / स्थापित करें और समस्या निवारण, मेमोरी डिवाइस, चिप्स, मोडेम, सिस्टम रिसोर्स, एड ऑन कार्ड्स, केबल्स और कनेक्टर, टैबलेट / स्मार्ट डिवाइस, विभिन्न नेटवर्क उपकरणों का उपयोग करके नेटवर्किंग सिस्टम, विंडोज सर्वर का कॉन्फ़िगरेशन। स्थापना, DNS का कॉन्फ़िगरेशन, रूटिंग और उपयोगकर्ता खाता अनुकूलन। सर्वर का विन्यास और सर्वर नेटवर्क सुरक्षा और बुनियादी ढांचे का प्रबंधन। लिनक्स सर्वर की स्थापना और बुनियादी विन्यास और बहुत कुछ।

हम प्रत्येक नए संस्करण के साथ नए प्रश्न उत्तर जोड़ते हैं। किसी भी त्रुटि/चूक के मामले में कृपया हमें ईमेल करें। यह यकीनन सभी इंजीनियरिंग बहुविकल्पीय प्रश्नों और उत्तरों के लिए सबसे बड़ी और सर्वश्रेष्ठ ई-बुक है।

एक छात्र के रूप में आप इसे अपनी परीक्षा की तैयारी के लिए उपयोग कर सकते हैं। यह ई-पुस्तक प्रोफेसरों के लिए सामग्री को ताज़ा करने के लिए भी उपयोगी है।

भूमिका

डीजीईटी नई दिल्ली और सीएसटीएआरआई कोलकाता अगस्त 2018 सत्र से आईटीआई में सभी व्यवसायों के लिए एक वार्षिक पैटर्न लागू कर रहे हैं। परीक्षा प्रणाली में भी बदलाव किया जाएगा और यह इस साल से ऑनलाइन हो जाएगी और चूंकि सभी प्रश्न वस्तुनिष्ठ प्रकार (एमसीक्यू) के हैं, इसलिए प्रशिक्षुओं को गहन अध्ययन की सख्त जरूरत है। इसे ध्यान में रखते हुए हमें पुराने NIMI पैटर्न पर आधारित पुस्तकें और नए वार्षिक पैटर्न का संपूर्ण अवलोकन प्रस्तुत करते हुए प्रसन्नता हो रही है, और हम आशा करते हैं कि ये पुस्तकें सभी व्यावसायिक निदेशकों और प्रशिक्षुओं के लिए एक मार्गदर्शक होंगी। है।

इन पुस्तकों को लिखने के लिए आईटीआई अकलुज के प्राचार्य जोहर अवाटे साहब ने कहा। आईटीआई सतारा सहगवकर साहब के पूर्व प्राचार्य, सहायक निदेशक श्री चंद्रकांत ढेकने साहेब क्षेत्रीय व्यावसायिक शिक्षा एवं प्रशिक्षण कार्यालय, पुणे, जिला व्यावसायिक शिक्षा एवं प्रशिक्षण अधिकारी सचिन धूमल साहेब एवं प्रधानाध्यापक शासकीय तकनीकी विद्यालय केन्द्र शाल्मली पवार मैडम एवं पुत्र अधिराज डोले, माता कुसुम डोले , मैं अपने पिता मधुकर डोले और पत्नी अश्विनी डोले को समय-समय पर उनके विशेष मार्गदर्शन और सहयोग के लिए बहुत आभारी हूं।

साथ ही, बहुत ही कम समय में श्री राजेन्द्र घुमे साहेब, संयुक्त निदेशक, व्यावसायिक शिक्षा और प्रशिक्षण क्षेत्रीय कार्यालय, पुणे द्वारा पुस्तक के प्रकाशन में उनके अमूल्य समय के लिए पुस्तक की समीक्षा की गई। मैं उनकी प्रतिक्रिया के लिए हृदय से आभारी हूँ।

पुस्तक लिखने की शुरुआत से ही निरंतर समर्थन के लिए मैं आईटीआई सतारा के प्रशिक्षक का आभारी हूं।

इस पुस्तक से, मैं खुद को धन्य मानता हूं कि मैंने आपके साथ ई-लर्निंग पर अपने विचार साझा किए। मैं यह दावा नहीं करूंगा कि यह पुस्तक पूर्ण है, क्योंकि पूर्णता को देखते हुए यह पुस्तक एक प्रयास है और अपनी शैशवावस्था में है। यदि उनका परीक्षण और सुझाव दिया जाए तो वे सुधार के लिए मूल्यवान होंगे।

मनोज डोले

दिनांक 9/1/2019

पावती (स्वीकृति)

21वीं सदी में औद्योगिक क्षेत्र में तेजी से बढ़ती मांग के अनुरूप बहु-कुशल कारीगरों की आपूर्ति के लिए व्यावसायिक शिक्षा और प्रशिक्षण विभाग के माध्यम से व्यावसायिक शिक्षा और प्रशिक्षण विभाग के माध्यम से व्यावसायिक शिक्षा और प्रशिक्षण प्रदान किया जाता है। संस्थानों के भीतर सभी व्यवसाय महत्वपूर्ण हैं, क्योंकि इन व्यवसायों के प्रशिक्षु उद्योग की मांगों के अनुसार बहु-कौशल विकसित करते हैं।

सभी व्यवसायों के लिए उपयुक्त एमसीक्यू ई-पुस्तकें उपलब्ध कराने के नेक इरादे से, यह देखते हुए कि औद्योगिक क्षेत्र के सभी उद्योगों में सभी परीक्षाएं ऑनलाइन आयोजित की जाती हैं और इसमें एमसीक्यू पद्धति के प्रश्न शामिल होते हैं। श्री मनोज मधुकर डोले ने नए वार्षिक पाठ्यक्रम के अनुसार एमसीक्यू पद्धति पर एक बहुत अच्छी ई-बुक लिखी है। यह ई-पुस्तक निश्चित रूप से सभी प्रशिक्षुओं, प्रशिक्षु उम्मीदवारों, प्रशिक्षण प्रशिक्षकों और अन्य संबंधितों के लिए एक मार्गदर्शक होगी।

पुस्तक के लेखक श्री मनोज मधुकर डोले, इंस्ट्रक्टर गॉव आईटीआई सतारा को 17 साल का प्रशिक्षण अनुभव है। एक नए वार्षिक पैटर्न के रूप में लिखी गई, यह ई-बुक प्रत्येक विषय के लिए लेआउट, सरल भाषा और सरल सिंटैक्स, आरेख और वीडियो को समझने के लिए आधुनिक डिजिटल क्यूआर कोड तकनीक को शामिल करती है। इसलिए मुझे विश्वास है कि यह ई-पुस्तक निश्चित रूप से गहन अध्ययन और परीक्षा अभ्यास के लिए उपयोगी होगी। उन्होंने जो कार्य किया है वह निश्चित रूप से काबिले तारीफ है।

श्री तुकाराम मिसाल
प्राचार्य शासकीय औद्योगिक प्रशिक्षण संस्था सातारा.

आमुख

हमारे औद्योगिक प्रशिक्षण संस्थानों की औद्योगिक प्रशिक्षण और सैद्धांतिक परीक्षा प्रणाली और इन परिवर्तनों को शिल्प प्रशिक्षकों और प्रशिक्षुओं द्वारा स्वीकार किया गया है। आपके औद्योगिक प्रशिक्षण संस्थानों में आयोजित सैद्धांतिक परीक्षाएं भी ऑनलाइन आयोजित की जाती हैं। चूंकि ये परीक्षाएं बहुविकल्पीय एमसीक्यू पद्धति की हैं, इसलिए प्रशिक्षुओं को ऐसे प्रश्नों का अधिक अभ्यास करने की आवश्यकता होगी।

इन सब बातों को ध्यान में रखते हुए श्री मनोज मधुकर, निदेशक, डोले क्राफ्ट्स, कटारी औद्योगिक प्रशिक्षण संस्थान, सतारा, ने नई वार्षिक प्रणाली और NSQF-5 के अनुसार, गहन अध्ययन किया है और अपनी मेहनत से और अपनी गहरी बुद्धि को जोड़ा है। पाठ्यक्रम, कटारी और अन्य मशीन ट्रेडों की ई-बुक। -बुक) और उन्होंने प्रशिक्षण को आसान बनाने के लिए सैद्धांतिक विषयों पर मोबाइल ऐप और ब्लॉग बनाए हैं और इन सभी शैक्षिक सामग्री को विश्व प्रसिद्ध वेबसाइटों Google Play Store, Amazon और Apple Book Store पर डाउनलोड के लिए उपलब्ध कराया है। प्रिंट संस्करण बनाकर और क्यूआर कोड जैसी उन्नत तकनीकों का उपयोग करके प्रशिक्षण को आसान बना दिया गया है।

ये सभी शैक्षिक सामग्री निश्चित रूप से सभी प्रशिक्षुओं के लिए गहन अध्ययन के लिए और शिल्प प्रशिक्षकों और अन्य संबंधितों के लिए एक मार्गदर्शक होगी जो व्यावसायिक प्रशिक्षण प्रदान कर रहे हैं।

1

इन्फोर्मेशन & कम्युनिकेशन टेक्नोलोजी सिस्टीम मेंटेनन्स ICTSM द्वितीय वर्ष हिंन्दी MCQ Drawing

Online Test Exam
ITI Books
CNC Course
AutoCAD CAM
JOB & Apprentice
Online Theory
Computer Course
Trading Course
Web Designing
MSCIT Course
Shopping Business
Internet Business
Remotasks Course
Online Services
Top Sportsmans
Indian Army
Freedom Fighters
Top Scientists
Social Reformers
Motivational Speaker
Top Richest People
Join WhatsApp Group
Join Facebook Group
Like Facebook Page
PAN / Adhar / Licence Passport
ई-पुस्तक प्रकाशन

COMPUTER PARTS
COMPUTER
MOUSE
KEY BOARD
SCREEN / MONITOR
FLASH DRIVE
TOWER
COMPACT DISC
LAPTOP
PRINTER
SCANNER
CARTRIDGES
WEB CAM

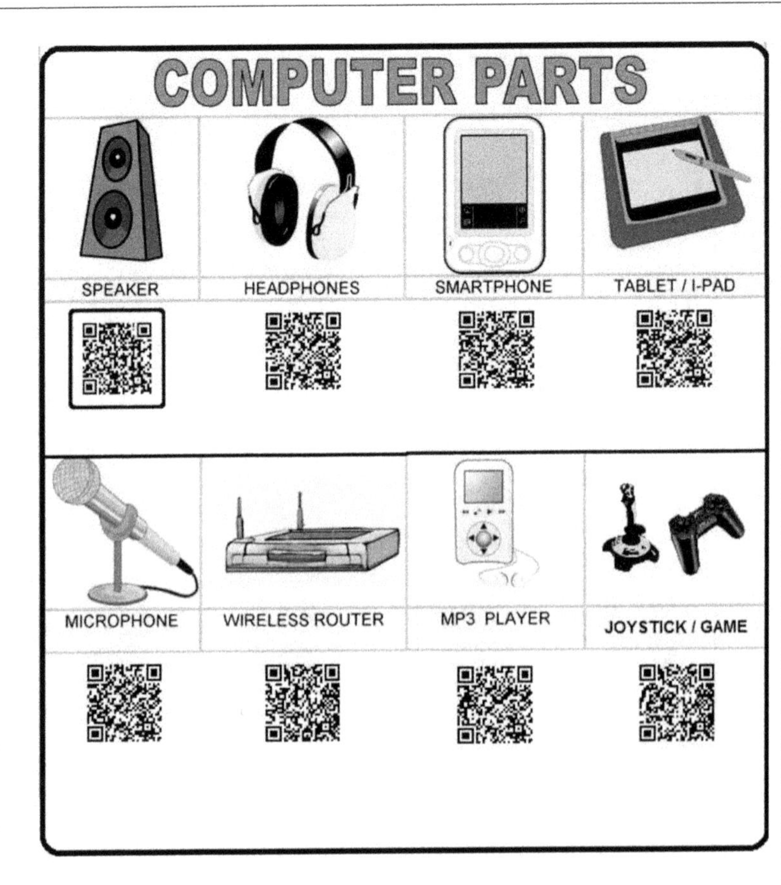
COMPUTER PARTS
SPEAKER
HEADPHONES
SMARTPHONE
TABLET / I-PAD
MICROPHONE
WIRELESS ROUTER
MP3 PLAYER
JOYSTICK / GAME

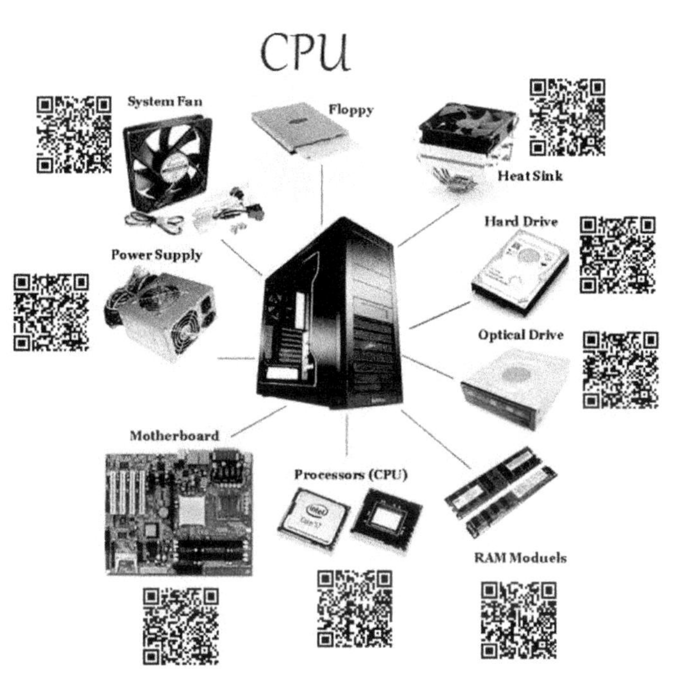

Computer CPU Hardware Components

Motherboard
Hardware Components

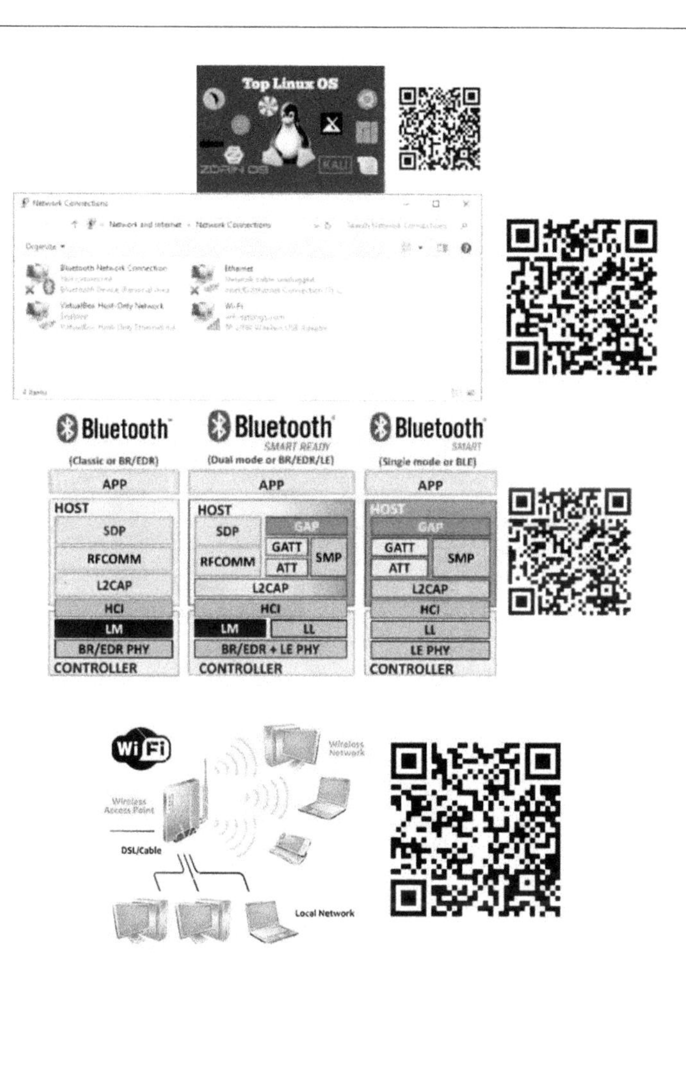
Top Linux OS
ZORIN OS
KALI
Network Connections
Network and Internet › Network Connections
Organize
Bluetooth Network Connection
Ethernet
VirtualBox Host-Only Network
Wi-Fi
Bluetooth
(Classic or BR/EDR)
Bluetooth
SMART READY
(Dual mode or BR/EDR/LE)
Bluetooth
SMART
(Single mode or BLE)
APP
HOST
SDP
RFCOMM
L2CAP
HCI
LM
BR/EDR PHY
CONTROLLER
GAP
GATT
ATT
SMP
LL
BR/EDR + LE PHY
LE PHY
Wi Fi
Wireless Network
Wireless Access Point
DSL/Cable
Local Network

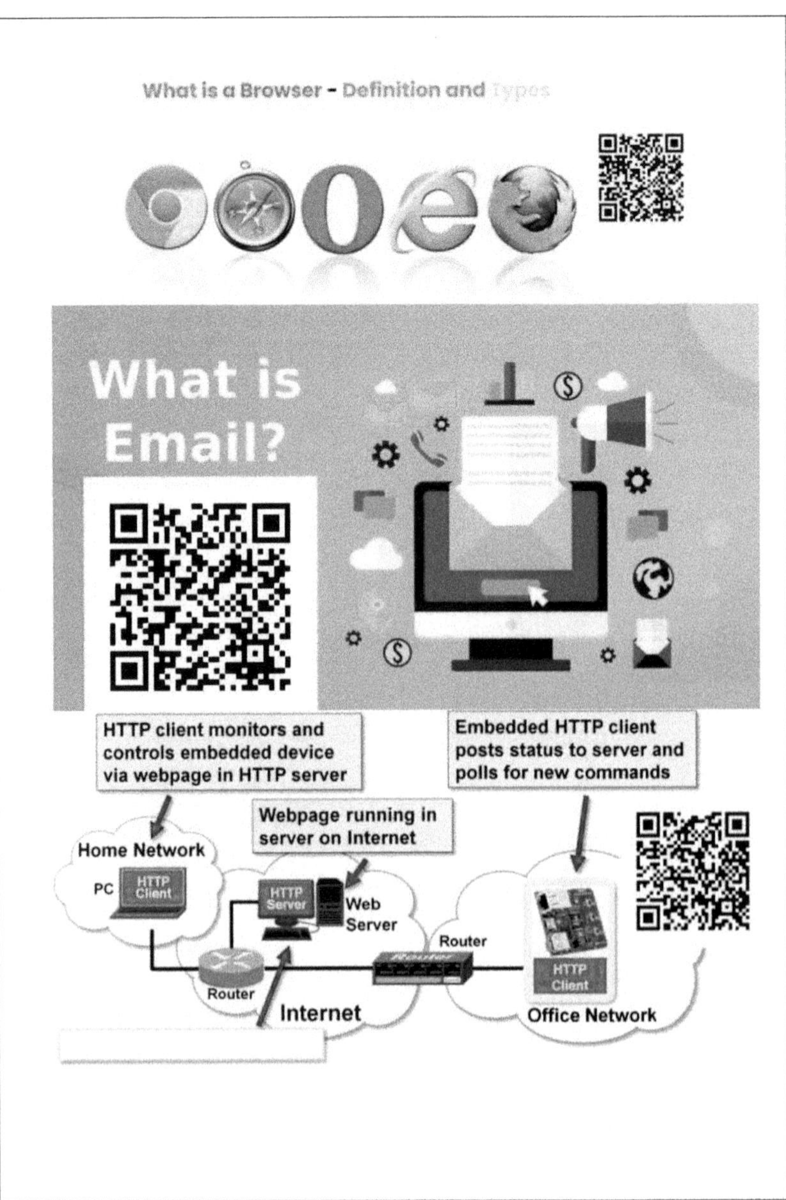
What is a Browser - Definition and Types
What is Email?
HTTP client monitors and controls embedded device via webpage in HTTP server
Embedded HTTP client posts status to server and polls for new commands
Webpage running in server on Internet
Home Network
PC
HTTP Client
HTTP Server
Web Server
Router
Router
Internet
HTTP Client
Office Network

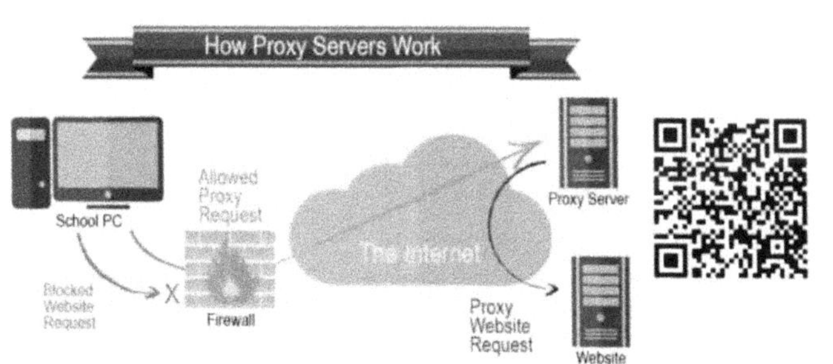
How Proxy Servers Work
School PC
Allowed
Proxy
Request
Blocked
Website
Request
Firewall
The Internet
Proxy Server
Proxy
Website
Request
Website

WWW
What is WWW?

CYBER SECURITY

2

इन्फोर्मेशन & कम्युनिकेशन टेक्नोलोजी सिस्टीम मेंटेनन्स ICTSM द्वितीय वर्ष हिंन्दी MCQ

1] निम्नलिखित में से कौन कंप्यूटर की विशेषता है/हैं?

(ए) परिश्रम

(बी) बहुमुखी प्रतिभा

(सी) विश्वसनीयता

(डी) उपरोक्तसभी

2] दोषपूर्ण इनपुट से दोषपूर्ण परिणाम होते हैं] इसे ________ के रूप में जाना जाता है

(ए) परिश्रम

(बी) बहुमुखी प्रतिभा

(सी) गीगो

(डी) उपरोक्त में से कोई नहीं

3] GIGO का अर्थ _______ है

(ए) कचराआउटमेंकचरा

(बी) गेटवे आउट में गेटवे

(सी) गोफर आउट में गोफर

(डी) भौगोलिक में भौगोलिक आउट

4] एक साथ कई कार्य करने की क्षमता को _______ कहा जाता है

(ए) परिश्रम

(बी) बहुमुखीप्रतिभा

(सी) विश्वसनीयता

(D। उपरोक्त सभी

5] एक कंप्यूटर थकान और एकाग्रता की कमी से ग्रस्त नहीं है] इसे ________ के रूप में जाना जाता है

(ए) परिश्रम

(बी) बहुमुखी प्रतिभा

(सी) गीगो

(डी) उपरोक्त में से कोई नहीं

6] पहली पीढ़ी के कंप्यूटरों में सर्किट्री के लिए _______ और मेमोरी के लिए _________ का उपयोग किया जाता है

(ए) ट्रांजिस्टर और चुंबकीय कोर

(बी) आईसी और चुंबकीय मेमोरी

(सी) वैक्यूमट्यूबऔरचुंबकीयड्रम

(डी) आईसी और चुंबकीय कोर

7] दूसरी पीढ़ी के कंप्यूटर ________ पर आधारित थे

(ए) आईसी

(बी) वैक्यूम ट्यूब

(सी) ट्रांजिस्टर

(डी) उपरोक्त में से कोई नहीं

8] फ्लॉप्स का अर्थ _______ है

(ए) फ्लोटिंगप्वाइंटऑपरेशनप्रतिसेकेंड

(बी) फाइल प्रोसेसिंग ऑपरेशन प्रति सेकेंड

(सी) फ्लोटिंग प्रोसेसिंग ऑपरेशन प्रति सेकेंड

(डी) फाइल लोडिंग ऑपरेशन प्रति सेकेंड

9] दूसरी पीढ़ी के कंप्यूटरों को प्रोग्राम करने के लिए किस भाषा का इस्तेमाल किया गया था?

(ए) बाइनरी कोडित भाषा

(बी) विधानसभाभाषा

(सी) मशीनी भाषा

(डी) उपरोक्त में से कोई नहीं

10] ईडीएसएसी _________ के लिए खड़ा है

(ए) इलेक्ट्रॉनिकविलंबभंडारणस्वचालितकंप्यूटर

(बी) इलेक्ट्रॉनिक असतत भंडारण स्वचालित कंप्यूटर

(सी) इलेक्ट्रॉनिक विलंब सीरियल स्वचालित कंप्यूटर

(डी) इलेक्ट्रॉनिक असतत भंडारण स्वचालित कंप्यूटर

1] संचालन के प्रवाह को स्वचालित रूप से निर्देशित करने के लिए निर्देश और डेटा कंप्यूटर की मेमोरी में संग्रहीत किया जा सकता है] इसे _____ अवधारणा कहा जाता है]

(ए) उद्देश्य प्रोग्रामिंग

(बी) संग्रहीतकार्यक्रम

(सी) दोनों (ए) और (बी)

(डी) उपरोक्त में से कोई नहीं

2] "संग्रहीत कार्यक्रम" अवधारणा ______ द्वारा विकसित की गई थी

(ए) मौरिस विल्केस

(बी) वॉनन्यूमैन

(सी) एम]एच]ए] न्यूमैन

(डी) उपरोक्त में से कोई नहीं

3] इलेक्ट्रॉनिक असतत चर स्वचालित कंप्यूटर (EDVAC) था __________ अवधारणा पर डिज़ाइन किया गया]

(ए) उद्देश्य प्रोग्रामिंग

(बी) संग्रहीतकार्यक्रम

(सी) दोनों (ए) और (बी)

(डी) उपरोक्त में से कोई नहीं

4] निम्न में से कौन न्यूमैन की संग्रहीत कार्यक्रम अवधारणा पर आधारित एक छोटी प्रयोगात्मक मशीन थी?

(ए) विश्लेषणात्मक इंजन

(बी) पास्कलीन

(सी) मैनचेस्टरमार्क I

(डी) उपरोक्त में से कोई नहीं

5] तीसरी पीढ़ी के कंप्यूटर _______ पर आधारित थे

(ए) आईसी

(बी) वैक्यूम ट्यूब

(सी) ट्रांजिस्टर

(डी) उपरोक्त में से कोई नहीं

6] ईडीएसएसी में, _____ माइक्रो . में एक अतिरिक्त ऑपरेशन पूरा किया गया था सेकंड]

(ए) 4000

(बी) 3000

(सी) 2000

(डी) 1500

7] ULSI का अर्थ ________ है

(ए) अल्ट्रालार्जस्केलइंटीग्रेशन

(बी) परम बड़े पैमाने पर एकीकरण

(सी) ऊपरी बड़े पैमाने पर एकीकरण

(डी) अल्ट्रा लार्ज स्क्रिप्ट इंटीग्रेशन

8] निम्नलिखित में से कौन चौथी पीढ़ी का कंप्यूटर है?

(ए) इंटेल 4004

(बी) आईबीएम 360

(सी) आईबीएम 1401

(डी) उपरोक्त में से कोई नहीं

9] आईसी _________ से बना है

(ए) माइक्रोप्रोसेसर

(बी) वैक्यूम ट्यूब

(सी) ट्रांजिस्टर

(डी) उपरोक्त में से कोई नहीं

10] आधुनिक कंप्यूटर के जनक_______

(ए) चार्ल्स बैबेज

(बी) एलनट्यूरिंग

(सी) टेड हॉफ

(डी) उपरोक्त में से कोई नहीं

1] एक हाइब्रिड कंप्यूटर वह है जिसमें ________ के संयुक्त गुण होते हैं

(ए) माइक्रो और मिनी कंप्यूटर

(बी) मिनी और सुपर कंप्यूटर

(सी) मेनफ्रेम और सुपर कंप्यूटर

(डी) एनालॉगऔरडिजिटलकंप्यूटर

2] निम्नलिखित में से कौन हैंडहेल्ड ऑपरेटिंग सिस्टम का उपयोग करता है?

(ए) सुपर कंप्यूटर

(बी) लैपटॉप

(सी) मेनफ्रेम

(डी) पीडीए

3] एक _______ टर्मिनल छवियों के साथ-साथ टेक्स्ट भी प्रदर्शित कर सकता है]

(पाठ

(बी) डंबो

(सी) ग्राफिकल

(डी) उपरोक्त में से कोई नहीं

4] माइक्रो कंप्यूटर की शब्द लंबाई _________ के बीच की सीमा में होती है

(ए) 8 और 16 बिट्स

(बी) 8 और 21 बिट्स

(सी) 8 और 24 बिट्स

(डी) 8 और 32 बिट्स

5] सबसे तेज और सबसे महंगे कंप्यूटर _______ हैं

(ए) सुपरकंप्यूटर

(बी) क्वांटम कंप्यूटर

(सी) मेनफ्रेम कंप्यूटर

(डी) माइक्रो कंप्यूटर

6] निम्न में से कौन-सा सबसे छोटा और सबसे तेज़ दिमाग की नकल करने वाला कंप्यूटर है?

(ए) सुपर कंप्यूटर

(बी) क्वांटमकंप्यूटर

(सी) मेनफ्रेम कंप्यूटर

(डी) पीडीए

7] एक ______ टर्मिनल डेटा को प्रोसेस या स्टोर नहीं करता है]

(ए) डंबो

(बी) बुद्धिमान

(सी) दोनों (ए) और (बी)

(डी) उपरोक्त में से कोई नहीं

8] मेनफ्रेम या सुपर कंप्यूटर तक पहुंचने के लिए उपयोगकर्ता आम तौर पर __________ का उपयोग करता है?

(ए) नोड

(बी) टर्मिनल

(सी) डेस्कटॉप

(डी) उपरोक्त में से कोई नहीं

9] डेस्कटॉप और पर्सनल कंप्यूटर को ________ के रूप में भी जाना जाता है

(ए) सुपर कंप्यूटर

(बी) क्वांटम कंप्यूटर

(सी) मेनफ्रेम कंप्यूटर

(डी) <u>माइक्रोकंप्यूटर</u>

10] ग्राफिकल टर्मिनलों को दो प्रकारों में बांटा गया है] वे ______ हैं

(ए) पाठ और गूंगा

(बी) गूंगा और बुद्धिमान

(सी) <u>वेक्टरमोडऔररास्टरमोड</u>

(डी) उपरोक्त में से कोई नहीं

1] आर्टिफिशियल इंटेलिजेंस (एआई) के लिए किस भाषा का उपयोग किया जाता है?

(ए) फोरट्रान

(बी) कोबोल

(सी) सी

(डी) <u>प्रस्तावना</u>

2] "आर्टिफिशियल इंटेलिजेंस" शब्द किसने गढ़ा?

(ए) चार्ल्स बैबेज

(बी) एलन ट्यूनिंग

(सी) वॉन न्यूमैन

(डी) <u>जॉनमैककार्थी</u>

3] __________ जैविक तंत्रिका नेटवर्क की संरचना पर आधारित एक कम्प्यूटेशनल मॉडल है?

(ए) <u>कृत्रिमतंत्रिकानेटवर्क (एएनएन)</u>

(बी) जैविक नेटवर्क

(सी) दोनों (ए) और (बी)

(डी) उपरोक्त में से कोई नहीं

4] एक तंत्रिका नेटवर्क जिसमें सिग्नल केवल एक दिशा में गुजरता है उसे ______ कहा जाता है

(ए) <u>फीडफॉरवर्डन्यूरलनेटवर्क</u>

(बी) आवर्तक तंत्रिका नेटवर्क

(सी) दोनों (ए) और (बी)

(डी) उपरोक्त में से कोई नहीं

5] __________ एक कृत्रिम तंत्रिका नेटवर्क है जिसमें इनपुट और आउटपुट परतों के बीच कई छिपी हुई परतें होती हैं?

(ए) <u>डीपन्यूरलनेटवर्क</u>

(बी) उथला तंत्रिका नेटवर्क

(सी) दोनों (ए) और (बी)

(डी) उपरोक्त में से कोई नहीं

6] सबसे प्रसिद्ध आवर्तक तंत्रिका नेटवर्क ________ है

(ए) परसेप्ट्रोन

(बी) रेडियल आधार नेटवर्क

(सी) हॉपफील्डनेट

(डी) उपरोक्त में से कोई नहीं

7] कौन सा तंत्रिका नेटवर्क फीडबैक सिग्नल की अनुमति देता है?

(ए) फीड फॉरवर्ड न्यूरल नेटवर्क

(बी) आवर्तकतंत्रिकानेटवर्क

(सी) दोनों (ए) और (बी)

(डी) उपरोक्त में से कोई नहीं

8] निम्नलिखित में से कौन न्यूरल नेटवर्क का अनुप्रयोग है/हैं?

(ए) पैटर्न मान्यता

(बी) मोबाइल कंप्यूटिंग

(सी) भाषण पढ़ना (होंठ पढ़ना)

(डी) उपरोक्तसभी

9] लेयर्ड फीड फॉरवर्ड न्यूरल नेटवर्क में किस एल्गोरिथम का उपयोग किया जाता है?

(ए) वापसप्रसारएल्गोरिथ्म

(बी) बाइनरी सर्च

(सी) दोनों (ए) और (बी)

(डी) उपरोक्त में से कोई नहीं

10] रेडियल बेसिस फंक्शन (आरबीएफ) नेटवर्क में ______ परतें होती हैं]

(एक

(बी) चार

(सी) दो

(डी) तीन

1] कंप्यूटर में प्रयुक्त होने वाली चिप __________ से बनी होती है

(ए) सिलिकॉन

(बी) आयरन ऑक्साइड

(सी) क्रोमियम

(डी) उपरोक्त में से कोई नहीं

2] चौथी पीढ़ी के कंप्यूटर ________ पर आधारित थे

(ए) आईसी

(बी) वैक्यूम ट्यूब

(सी) ट्रांजिस्टर

(डी) माइक्रोप्रोसेसर

3] विकसित पहली कंप्यूटर भाषा ______ थी

(ए) कोबोली

(बी) पास्कल

(सी) बेसिक

(डी) फोरट्रान

4] पहला कैलकुलेटर जो सभी चार अंकगणितीय संचालन (जोड़, घटाव, गुणा, भाग) कर सकता था, था

जाना जाता है______

(ए) पास्कलीन

(बी) स्लाइड नियम

(सी) स्टेपरेकनर

(डी) उपरोक्त में से कोई नहीं

5] पहला कंप्यूटर स्प्रेडशीट प्रोग्राम _________ था

(ए) कमल 1-2-3

(बी) एमएस एक्सेल

(सी) VisiCalc

(डी) उपरोक्त में से कोई नहीं

6] निम्नलिखित में से कौन चौथी पीढ़ी की भाषा (4GL) के लिए एक उदाहरण है?

(ए) कोबोली

(बी) पावरबिल्डर

(सी) फोरट्रान

(डी) उपरोक्त में से कोई नहीं

7] वीडीयू ________ के लिए खड़ा है

(ए) वीडियो डिस्प्ले यूनिट

(बी) विजुअलडिस्प्लेयूनिट

(सी) वीडियो डिवाइड यूनिट

(डी) उपरोक्त में से कोई नहीं

8] बिना ट्रांसलेशन प्रोग्राम के कंप्यूटर द्वारा कौन सी भाषा सीधे समझी जाती है?

(बुनियादी

(बी) विधानसभा भाषा

(सी) मशीनीभाषा

(डी) सी भाषा

9] हरमन होलेरिथ ने ________ नामक एक मशीन विकसित की

(ए) पास्कलीन

(बी) विश्लेषणात्मक इंजन

(सी) जनगणना सारणी

(डी) सारणीकरणमशीन

10] इलेक्ट्रॉनिक विलंब भंडारण स्वचालित कंप्यूटर (EDSAC) का आविष्कार ________ द्वारा किया गया था

(ए) हरमन होलेरिथ

(बी) जेडब्ल्यू मौची

(सी) जॉनवॉनन्यूमैन

(डी) उपरोक्त में से कोई नहीं

1] कौन से रजिस्टर सेकेंडरी मेमोरी के साथ इंटरैक्ट कर सकते हैं?

(ए) रजिस्टर

(बी) मेमोरीएड्रेसरजिस्टर (मार्च)

(सी) निर्देश रजिस्टर (आईआर)

(डी) उपरोक्त में से कोई नहीं

2] रजिस्टरों में डेटा स्टोर करने के लिए किस फ्लिप फ्लॉप का उपयोग किया जाता है?

(ए) डीफ्लिपफ्लॉप

(बी) जेके फ्लिप फ्लॉप

(सी) आरएस फ्लिप फ्लॉप

(डी) उपरोक्त में से कोई नहीं

3] आईएसपी का मतलब_______ है

(ए) निर्देश मानक प्रसंस्करण

(बी) निर्देश मानक प्रोसेसर

(सी) सूचना सेट प्रसंस्करण

(डी) निर्देशसेटप्रोसेसर

4] डिकोड किए गए निर्देश _______ में संग्रहीत होते हैं

(ए) रजिस्टर

(बी) मेमोरी एड्रेस रजिस्टर (मार्च)

(सी) निर्देशरजिस्टर (आईआर)

(डी) उपरोक्त में से कोई नहीं

5] कौन सा कंप्यूटर का अभिन्न अंग नहीं है?

(ए) सीपीयू

(बी) मॉनिटर

(सी) माउस

(डी) यूपीएस

6] कंप्यूटर प्रोग्राम के सबसे अधिक उपयोग किए जाने वाले निर्देश _______ से प्राप्त होने की संभावना है

(ए) हार्ड डिस्क

(बी) रोम

(रत्ता मार

(डी) कैश

7] कंप्यूटर प्रक्रिया का प्राथमिक उद्देश्य डेटा को _______ में परिवर्तित करना है

(मेज़

(बी) ग्राफ

(सी) फ़ाइल

(डी) सूचना

8] सिस्टम यूनिट का मुख्य सर्किट-बोर्ड ________ है

(ए) राम

(बी) मदरबोर्ड

(सी) हार्ड डिस्क

(डी) उपरोक्त में से कोई नहीं

9] एएलयू और कंट्रोल यूनिट के विशेष उद्देश्य वाले स्थान हैं जिन्हें ________ कहा जाता है

(ए) रजिस्टर

(बी) मदर बोर्ड

(सी) सॉकेट

(डी) उपरोक्त में से कोई नहीं

10] सीपीयू मेमोरी और पेरिफेरल्स के बीच संचार लाइन को __________ कहा जाता है

(ए) रजिस्टर

(बी) मदर बोर्ड

(सी) बस

(डी) उपरोक्त में से कोई नहीं

1] एक संचार प्रणाली जो कंप्यूटर के अंदर या कंप्यूटर के बीच के घटकों के बीच डेटा स्थानांतरित करती है, कहलाती है

ए] पोर्ट

बी] बस

सी] रजिस्टर

डी] उपरोक्त में से कोई नहीं

2] कौन सी बस कंप्यूटर के सभी आंतरिक घटकों जैसे सीपीयू और मेमोरी को मुख्य बोर्ड (मदरबोर्ड) से जोड़ती है?

ए] विस्तार बस

बी] बाहरी बस

सी] आंतरिकबस

डी] उपरोक्त में से कोई नहीं

3] कंप्यूटर को पेरिफेरल डिवाइस से जोड़ने वाली बस को _______ कहा जाता है

ए] सिस्टम बस

बी] मेमोरी बस

सी] फ्रंट-साइड बस

डी] बाहरीबस

4] बाहरी बस को _________ भी कहा जाता है

ए] सिस्टम बस

बी] मेमोरी बस

सी] फ्रंट-साइड बस

डी] विस्तारबस

5] मेमोरी या I/O डिवाइस को एक्सेस करने का कमांड ______ द्वारा किया जाता है

ए] पता बस

बी] डेटा बस

सी] नियंत्रणबस

डी] उपरोक्त में से कोई नहीं

6] एक कंप्यूटर बस जिसका उपयोग भौतिक पता निर्दिष्ट करने के लिए किया जाता है?

ए] पताबस

बी] डेटा बस

सी] नियंत्रण बस

डी] उपरोक्त में से कोई नहीं

7] एक बस जो एक कंपोनेंट से दूसरे कंपोनेंट में या कंप्यूटर के बीच डेटा ट्रांसफर करती है, _________ कहलाती है

ए] पता बस

बी] डेटाबस

सी] नियंत्रण बस

डी] उपरोक्त में से कोई नहीं

8] आरआईएससी ________ के लिए खड़ा है

ए] रिवर्स इंस्ट्रक्शन सेट कंप्यूटर

बी] रिवर्स सूचना सेट कंप्यूटर

सी] कम सूचना सेट कंप्यूटर

डी] कमनिर्देशसेटकंप्यूटर

9] ________ कंप्यूटर के सीपीयू में अंकगणित और तर्क डेटा के अल्पकालिक, मध्यवर्ती भंडारण के लिए एक रजिस्टर है]

ए] संचायक

बी] बस

सी] बफर

डी] उपरोक्त में से कोई नहीं

10] _________ सीपीयू के लिए मशीनी भाषा में कमांड का एक समूह है]

ए] सूचना सेट

बी] निर्देशसेट

सी] बफर

डी] उपरोक्त में से कोई नहीं

1] वॉन न्यूमैन आर्किटेक्चर एक ________ है

ए] एकाधिक निर्देश एकाधिक डेटा (एमआईएमडी)

बी] सिंगल इंस्ट्रक्शन मल्टीपल डेटा (सिम)

सी] एकाधिक निर्देश एकल डेटा (एमआईएसडी)

डी] एकलनिर्देशएकलडेटा (एसआईएसडी)

2] प्रोग्रामिंग जो वास्तव में कंप्यूटर के भीतर सिग्नल या डेटा के पथ को नियंत्रित करती है, _________ कहलाती है

ए] विधानसभा भाषा प्रोग्रामिंग

बी] मशीनी भाषा प्रोग्रामिंग

सी] माइक्रोप्रोग्रामिंग

डी] उपरोक्त में से कोई नहीं

3] सीआईएससी _________ के लिए खड़ा है

ए] कंपाउंड इंस्ट्रक्शन सेट कंप्यूटर

बी] जटिल सूचना सेट कंप्यूटर

सी] कंपाउंड सूचना सेट कंप्यूटर

डी] जटिलनिर्देशसेटकंप्यूटर

4] जिस रजिस्टर में उस स्थान का पता होता है जहां से डेटा स्थानांतरित किया जाना है उसे ________ के रूप में जाना जाता है

ए] निर्देश रजिस्टर

बी] नियंत्रण रजिस्टर

सी] मेमोरीएड्रेसरजिस्टर

डी] उपरोक्त में से कोई नहीं

5] काउंटर द्वारा किसी व्यवधान को अस्थायी रूप से अनदेखा किया जा सकता है, ________ कहलाता है

ए] मास्केबलइंटरप्ट

बी] नॉन-मास्केबल इंटरप्ट

सी] वेक्टरेड इंटरप्ट

डी] उपरोक्त में से कोई नहीं

6] कंप्यूटर अपने ________ के अंदर सभी गणितीय और तार्किक संचालन करता है

ए] विजुअल डिस्प्ले यूनिट

बी] मेमोरी यूनिट

सी] आउटपुट यूनिट

डी] सेंट्रलप्रोसेसिंगयूनिट

7] कंप्यूटर की गति को मापने के लिए निम्नलिखित में से किस इकाई का उपयोग किया जा सकता है?

ए] बौडी

बी] एसवाईपीएस

सी] एमआईपीएस

डी] उपरोक्त में से कोई नहीं

8] एक बिट डेटा को स्टोर करने के लिए उपयोग किए जाने वाले सर्किट को ______ के रूप में जाना जाता है

ए] एनकोडर

बी] ओआर

सी] फ्लिपफ्लॉप

डी] उपरोक्त में से कोई नहीं

9] नियंत्रण इकाई नियंत्रण उत्पन्न करके अन्य इकाइयों को नियंत्रित करती है और ________

ए] कमांड सिग्नल

बी] समयसंकेत

सी] ट्रांसफर सिग्नल

डी] उपरोक्त में से कोई नहीं

10] निम्न में से किस बस संरचना का उपयोग आमतौर पर I/O उपकरणों को जोड़ने के लिए किया जाता है?

ए] सिंगलबस

बी] एकाधिक बस

सी] स्टार बस

डी] उपरोक्त में से कोई नहीं

1] एक इंटरफ़ेस जो मेमोरी यूनिट और पेरिफेरल को सीधे डेटा का I/O ट्रांसफर प्रदान करता है, उसे _________ कहा जाता है

एक जोड़ना

बी] सीरियल इंटरफ़ेस

सी] डायरेक्टमेमोरीएक्सेस (डीएमए)

डी] उपरोक्त में से कोई नहीं

2] एक बुनियादी निर्देश जिसे कंप्यूटर द्वारा व्याख्यायित किया जा सकता है, आमतौर पर _________ होता है

ए] एकऑपरेंडऔरएकपता

बी] डिकोडर और एक संचयक

सी] अनुक्रम रजिस्टर और डिकोडर

डी] उपरोक्त में से कोई नहीं

3] लोड इंस्ट्रक्शन का उपयोग ज्यादातर मेमोरी से प्रोसेसर रजिस्टर में ट्रांसफर को निर्दिष्ट करने के लिए किया जाता है जिसे __________ के रूप में जाना जाता है

ए] संचायक

बी] निर्देश रजिस्टर

सी] प्रोग्राम काउंटर

डी] मेमोरी एड्रेस रजिस्टर

4] माइक्रो कंप्यूटर में घटकों के बीच संचार पते के माध्यम से होता है और _______

ए] आई/ओ बस

बी] डेटाबस

सी] पता बस

डी] उपरोक्त में से कोई नहीं

5] रजिस्टरों में संग्रहीत डेटा पर निष्पादित ऑपरेशन को ________ कहा जाता है

ए] मैक्रो-ऑपरेशन

बी] माइक्रो-ऑपरेशन

सी] बिट-ऑपरेशन

डी] उपरोक्त में से कोई नहीं

6] कौन सा रजिस्टर मेमोरी में संग्रहीत प्रोग्राम में निर्देशों का ट्रैक रखता है?

ए] पता रजिस्टर

बी] सूचकांक रजिस्टर

सी] प्रोग्रामकाउंटर

डी] उपरोक्त में से कोई नहीं

7] किस एड्रेसिंग मोड में ऑपरेंड को स्पष्ट रूप से दिया गया है
निर्देश?

ए] निरपेक्ष

बी] तत्काल

सी] अप्रत्यक्ष

डी] प्रत्यक्ष

8] जब आवश्यक हो, परिणाम ________ द्वारा सीपीयू से मुख्य मेमोरी में स्थानांतरित कर दिए जाते हैं

ए] आई/ओ डिवाइस]

बी] सीपीयू]

सी] शिफ्टरजिस्टर]

डी] उपरोक्त में से कोई नहीं]

9] बिट्स का एक समूह जो कंप्यूटर को एक विशिष्ट ऑपरेशन करने के लिए कहता है, ________ के रूप में जाना जाता है

ए] निर्देशकोड

बी] माइक्रो-ऑपरेशन

सी] संचायक

डी] रजिस्टर

10] मेमोरी में स्टोरेज लोकेशन तक पहुंचने और उसकी सामग्री प्राप्त करने के लिए आवश्यक औसत समय को ______ कहा जाता है]

ए] विलंबता समय]

बी] पहुंचसमय]

सी] टर्नअराउंड समय]

डी] प्रतिक्रिया समय]

1] इन-डायरेक्शन पॉइंटर्स का उपयोग करने वाला एड्रेसिंग मोड _______ है

ए] ऑफसेट एड्रेसिंग मोड

बी] रिलेटिव एड्रेसिंग मोड

सी] अप्रत्यक्षएड्रेसिंगमोड

डी] उपरोक्त में से कोई नहीं

2] निर्देशों के निष्पादन के सामान्य अनुक्रम को बदलने के लिए कौन सा एड्रेसिंग मोड सबसे उपयुक्त है?

ए] तत्काल

बी] अप्रत्यक्ष

सी] <u>रिश्तेदार</u>

डी] उपरोक्त में से कोई नहीं

3] प्रोसेसर बस को बढ़ाने के लिए निम्न में से किसका उपयोग इंटरमीडिएट के रूप में किया जाता है?

ए] गेटवे

बी] राउटर

सी] कनेक्टर

डी] <u>ब्रिज</u>

4] स्टेटस फ्लैग को बार-बार चेक करके I/O डिवाइस को एक्सेस करने की विधि ________ है

ए] मेमोरी-मैप्ड I/O

बी] <u>प्रोग्रामनियंत्रित I/O</u>

सी] आई/ओ मैप किया गया

डी] उपरोक्त में से कोई नहीं

5] जिस प्रक्रिया में प्रोसेसर लगातार स्टेटस फ्लैग की जांच करता है उसे ________ कहा जाता है

ए] <u>मतदान</u>

बी] निरीक्षण

सी] समीक्षा करना

डी] उपरोक्त में से कोई नहीं

6] नियंत्रण इकाई में निर्णय लेने की क्षमता प्रदान करने वाले शाखा तर्क को ________ के रूप में जाना जाता है

ए] सशर्त स्थानांतरण

बी] <u>बिनाशर्तस्थानांतरण</u>

सी] दोनों (ए) और (बी)

डी] उपरोक्त में से कोई नहीं

7] एक निर्देश द्वारा शुरू किए गए व्यवधान ________ हैं

ए] आंतरिक

बी] बाहरी

सी] हार्डवेयर

डी] <u>सॉफ्टवेयर</u>

8] एक I/O ड्राइव द्वारा शुरू किए गए व्यवधान ________ हैं

ए] आंतरिक

बी] बाहरी

सी] दोनों (ए) और (बी)

D। उपरोक्त सभी

9] प्रभावी पता प्राप्त करने के लिए प्रोग्राम काउंटर की सामग्री को निर्देश के पता भाग में जोड़ा जाता है

बुलाया________

ए] सापेक्षपतामोड]

बी] इंडेक्स एड्रेसिंग मोड]

सी] रजिस्टर मोड]

डी] निहित मोड]

10] एक रजिस्टर जो अपनी बाइनरी जानकारी को दाएं या बाएं स्थानांतरित करने में सक्षम है, उसे __________ कहा जाता है

ए] समानांतर रजिस्टर]

बी] सीरियल रजिस्टर]

सी] शिफ्टरजिस्टर]

डी] भंडारण रजिस्टर]

1] अधिकांश उत्पादों पर मुद्रित लाइनों के पैटर्न को _________ कहा जाता है

ए] ओसीआर

बी] कीमतें

सी] बारकोड

डी] उपरोक्त में से कोई नहीं

2] एमआईसीआर _________ के लिए खड़ा है

ए] चुंबकीय स्याही रंग पहचान

बी] चुंबकीय स्याही कोड पहचान

सी] चुंबकीय स्याही कंप्यूटर पहचान

डी] चुंबकीयस्याहीचरित्रपहचान

3] ओसीआर प्रकाश स्रोत की मदद से पात्रों के ________ को पहचानता है]

ए] आकार

बी] आकार

सी] रंग

डी] उपरोक्त में से कोई नहीं

4] प्रिंटर की गति मापने के लिए किस इकाई का उपयोग किया जाता है?

ए] डीपीआई

बी] सीपीएम
सी] पीपीएम
डी] उपरोक्त में से कोई नहीं
5] निम्नलिखित में से किस समूह में केवल इनपुट डिवाइस शामिल हैं?
ए] माउस, कीबोर्ड, मॉनिटर
बी] माउस, कीबोर्ड, प्रिंटर
सी] माउस, कीबोर्ड, प्लॉटर
डी] माउस, कीबोर्ड, स्कैनर
6] यूएसबी एक __________ को संदर्भित करता है
ए] स्टोरेज डिवाइस
बी] प्रोसेसर
सी] बंदरगाहप्रकार
डी] उपरोक्त में से कोई नहीं
7] ओसीआर का उपयोग __________ की तैयारी के लिए किया जाता है
ए] बिजली बिल
बी] टेलीफोन बिल
सी] बीमा प्रीमियम
डी] उपरोक्तसभी
8] एक जॉयस्टिक मुख्य रूप से _________ के लिए/के लिए उपयोग किया जाता है
ए] प्रिंट टेक्स्ट
बी] चित्र बनाएं
सी] कंप्यूटरगेमिंग
डी] उपरोक्त में से कोई नहीं
9] _______ को स्क्रीन या मॉनिटर भी कहा जा सकता है]
ए] स्कैनर
बी] प्रदर्शन
सी] हार्ड डिस्क
डी] उपरोक्त में से कोई नहीं
10] कंप्यूटर स्पीकर या हेडफ़ोन किस प्रकार के उपकरण हैं?
ए] इनपुट
बी] आउटपुट
सी] इनपुट/आउटपुट
डी] उपरोक्त में से कोई नहीं
1] इनमें से कौन एक पॉइंटिंग और ड्रॉप डिवाइस है?

ए] स्कैनर

बी] प्रिंटर

सी] कीबोर्ड

डी] माउस

2] समानांतर बंदरगाह का उपयोग अक्सर _________ द्वारा किया जाता है

ए] स्कैनर

बी] प्रिंटर

सी] कीबोर्ड

डी] माउस

3] एक __________ पर एक हार्ड कॉपी तैयार की जाएगी

ए] डॉट मैट्रिक्स प्रिंटर

बी] प्लॉटर

सी] राइटर टर्मिनल टाइप करें

डी] उपरोक्तसभी

4] बाहरी उपकरणों जैसे प्रिंटर, कीबोर्ड और मोडेम को __________ के रूप में जाना जाता है

ए] विशेष खरीद

बी] उपकरणों पर जोड़ें

सी] परिधीय

D। उपरोक्त सभी

5] मॉनिटर का रेजोल्यूशन जितना अधिक होगा, __________

ए] पिक्सल बड़ा]

बी] एकसाथपिक्सलकेकरीब]

सी] आगे पिक्सल के अलावा]

डी] स्क्रीन कम स्पष्ट है]

6] लेजर प्रिंटर में, लेजर बीम को ड्रम की __________ सतह पर विक्षेपित करके मुद्रण प्राप्त किया जाता है]

ए] चुंबकीय

बी] इलेक्ट्रिक

सी] प्रकाशसंवेदनशील

डी] उपरोक्त में से कोई नहीं

7] सीआरटी में जिस दर पर स्कैनिंग दोहराई जाती है उसे _________ कहा जाता है

ए] संकल्प

बी] ताज़ादर

सी] बैंडविड्थ

डी] उपरोक्त में से कोई नहीं

8] परिधीय उपकरण का एक उदाहरण ________ है

ए] <u>प्रिंटर</u>

बी] सीपीयू

सी] स्प्रेड शीट

डी] उपरोक्त में से कोई नहीं

9] ट्रैकबॉल एक ______ का एक उदाहरण है

ए] आउटपुट डिवाइस

बी] प्रिंटिंग डिवाइस

सी] <u>पॉइंटिंगडिवाइस</u>

डी] उपरोक्त में से कोई नहीं

10] माउस के संचालन के लिए सबसे अच्छी स्थिति कौन सी है?

ए] उपयोगकर्ता से दूर पूंछ

बी] दाहिनी ओर की पूंछ

सी] बाईं ओर की पूंछ

डी] <u>उपयोगकर्ताकीओरपूंछ</u>

1] पहला कंप्यूटर माउस ________ द्वारा बनाया गया था

ए] <u>डगलसएंगेलबार्ट</u>

बी] विलियम अंग्रेजी

C] रॉबर्ट ज़वाकि

डी] वॉन न्यूमैन

2] निम्न में से कौन सा हार्डवेयर नहीं है?

ए] प्रोसेसर

बी] प्रिंटर

सी] माउस

डी] <u>जावा</u>

3] सीपीयू से कंप्यूटर के परिधीय उपकरणों में डेटा का स्थानांतरण _________ के माध्यम से प्राप्त किया जाता है

ए] मोडेम

बी] इंटरफ़ेस

सी] बफर

डी] <u>आई/ओपोर्ट्स</u>

4] एक पतली प्लेट या बोर्ड जिसमें इलेक्ट्रॉनिक घटक होते हैं, ____________ कहलाते हैं

ए] हार्ड डिस्क

बी] राम

सी] रोम

डी] <u>सर्किटबोर्ड</u>

5] एक मुद्रित दस्तावेज़ या फोटोग्राफ का डिजिटल प्रतिनिधित्व बनाने के लिए एक ____________ का उपयोग किया जाता है]

ए] वीडियो डिजिटाइज़र

बी] <u>स्कैनर</u>

सी] मॉनिटर

डी] उपरोक्त में से कोई नहीं

6] माउस पर दो मानक बटनों के बीच स्थित पहिया का उपयोग _________ के लिए किया जाता है

ए] वेब पेजों में क्लिक करें]

बी] <u>स्क्रॉल]</u>

सी] क्लिक करें और आइटम चुनें]

डी] विभिन्न वेब पेजों पर जाएं

7] कंप्यूटर की मेमोरी में दर्ज किया गया कोई भी डेटा और निर्देश ___________ है

ए] भंडारण

बी] आउटपुट

सी] <u>इनपुट</u>

डी] सूचना

8] कौन सा इनपुट डिवाइस उल्टा माउस जैसा दिखता है?

ए] <u>ट्रैकबॉल</u>

बी] पॉइंटिंग स्टिक

सी] ट्रैक पैड

डी] टच पैड

9] बार-कोड पाठक _______ पढ़ने के लिए प्रकाश का उपयोग करते हैं

ए] <u>यूपीसी</u>

बी] यूपीएस

सी] पीओएस

डी] ऑप्टिकल निशान

10] मॉनिटर का डिस्प्ले साइज __________ मापा जाता है

ए] तिरछे]

बी] क्षैतिज रूप से]

सी] लंबवत]

डी] उपरोक्त में से कोई नहीं

1] प्रोसेसिंग यूनिट से डेटा प्राप्त करने वाले कंप्यूटर या सिस्टम पेरिफेरल्स को ____________ कहा जाता है

ए] इनपुट डिवाइस

बी] आउटपुटडिवाइस

सी] दोनों (ए) और (बी)

डी] उपरोक्त में से कोई नहीं

2] एक डिस्प्ले स्क्रीन जिसमें टेक्स्ट को एक रंग में प्रस्तुत किया जाता है और पृष्ठभूमि किसी अन्य रंग की होती है, _________ कहलाती है

ए] मोनोक्रोमस्क्रीन

बी] उच्च संकल्प स्क्रीन

सी] कम रिज़ॉल्यूशन स्क्रीन

डी] मध्यम संकल्प स्क्रीन

3] एलईडी __________ के लिए खड़ा है

ए] कम उत्सर्जन प्रदर्शन

बी] तरल उत्सर्जक प्रदर्शन

सी] कम उत्सर्जक डायोड

डी] प्रकाशउत्सर्जकडायोड

4] कंप्यूटर स्क्रीन पर वर्तमान स्थिति दिखाने के लिए उपयोग किए जाने वाले मार्कर को __________ कहा जाता है

ए] रंगीन मार्कर

बी] स्थिति चेकर

सी] कर्सर

डी] उपरोक्त में से कोई नहीं

5] कंप्यूटर में टेक्स्ट और संख्यात्मक डेटा दर्ज करने के लिए निम्न में से किस डिवाइस का उपयोग किया जाता है?

ए] प्लॉटर

बी] स्कैनर

सी] प्रिंटर

डी] कीबोर्ड

6] प्रिंटर रिजोल्यूशन को आमतौर पर _________ में मापा जाता है

ए] वर्ण प्रति मिनट (सीपीएम)

बी] पिक्सेल प्रति इंच (पीपीआई)

सी] पेज प्रति मिनट (पीपीएम)

डी] डॉट्सप्रतिइंच (डीपीआई)

7] ________ एक इनपुट डिवाइस है जो एनालॉग सूचना को डिजिटल रूप में परिवर्तित करता है]

ए] प्लॉटर

बी] ट्रैक बॉल

सी] लाइट पेन

डी] डिजिटाइज़र

8] ___________ एक विशेष प्रकार का ऑप्टिकल स्कैनर है जिसका उपयोग पेन या पेंसिल द्वारा बनाए गए निशान के प्रकार को पहचानने के लिए किया जाता है]

ए] ऑप्टिकल कैरेक्टर रीडर

बी] बार कोड रीडर

सी] ऑप्टिकलमार्करीडर

डी] उपरोक्त में से कोई नहीं

9] निम्नलिखित में से कौन गैर-उत्सर्जक प्रदर्शन है?

ए] एलईडी

बी] एलसीडी

सी] दोनों (ए) और (बी)

डी] उपरोक्त में से कोई नहीं

10] ___________ प्रिंटर पात्रों को रिबन पर प्रहार करके प्रिंट करते हैं जिसे बाद में कागज पर दबाया जाता है]

ए] प्रभाव

बी] गैर प्रभाव

सी] दोनों (ए) और (बी)

डी] उपरोक्त में से कोई नहीं

1] क्रेडिट कार्ड पर जानकारी पढ़ने के लिए किस इनपुट डिवाइस का उपयोग किया जाता है?

ए] ग्राफिक टैबलेट

बी] न्यूमेरिक कीबोर्ड

सी] बार कोड रीडर

डी] चुंबकीयपट्टीपाठक

2] एलसीडी __________ के लिए खड़ा है

ए] लाइट क्रिस्टल डिस्प्ले

बी] कम क्रिस्टल डिस्प्ले

सी] कम क्रिस्टल डिस्प्ले

डी] लिक्विडक्रिस्टलडिस्प्ले

3] निम्न में से कौन माउस के रूप में कार्य करता है?

कुंजीपटल

बी] स्कैनर

सी] ट्रैकबॉल

डी] उपरोक्त में से कोई नहीं

4] कंप्यूटर ऑपरेटर द्वारा किया गया कार्य कंप्यूटर के किस भाग में प्रदर्शित होता है?

ए] सीपीयू

बी] वीडीयू

सी] एएलयू

डी] उपरोक्त में से कोई नहीं

5] जिसमें टेक्स्ट कैरेक्टर की कैरेक्टर द्वारा फोटो स्कैनिंग, स्कैन की गई इमेज का विश्लेषण और फिर शामिल है

चरित्र छवि का चरित्र कोड में अनुवाद?

ए] ओसीआर

बी] ओएमआर

सी] बार कोड रीडर

डी] उपरोक्त में से कोई नहीं

6] ओसीआर प्रसंस्करण में, जब किसी चरित्र को पहचाना जाता है, तो उसे ________ कोड में बदल दिया जाता है]

ए] बाइनरी

बी] ASCII

सी] दोनों (ए) और (बी)

डी] उपरोक्त में से कोई नहीं

7] लेजर प्रिंटर और इंक-जेट प्रिंटर ________ के उदाहरण हैं

ए] प्रभाव

बी] गैरप्रभाव

सी] दोनों (ए) और (बी)

डी] उपरोक्त में से कोई नहीं

8] निम्नलिखित में से कौन कई हवाई जहाजों के कॉकपिट में प्रमुख उड़ान नियंत्रण के रूप में प्रयोग किया जाता है?

ए] ग्राफिक टैबलेट

बी] जॉयस्टिक

सी] बार कोड रीडर

डी] चुंबकीय पट्टी पाठक

9] टीएफटी _________ के लिए खड़ा है

ए] मोटी फिल्म ट्रांजिस्टर

बी] पतलीफिल्मट्रांजिस्टर

सी] पतली फिल्म ट्रांसमीटर

डी] मोटी फिल्म ट्रांसमीटर

10] उत्पाद की जानकारी इनपुट करने के लिए प्वाइंट ऑफ सेल्स पर निम्नलिखित में से किसका उपयोग किया जाता है?

ए] ग्राफिक टैबलेट

बी] माइक्रो

सी] बारकोडरीडर

डी] चुंबकीय पट्टी पाठक

1] क्रेडिट कार्ड के लिए पिन नंबर डालने के लिए किस इनपुट डिवाइस का उपयोग किया जाता है?

ए] ग्राफिक टैबलेट

बी] संख्यात्मकपैड

सी] बार कोड रीडर

डी] चुंबकीय पट्टी पाठक

2] __________ एक उपकरण है जिसका उपयोग बार कोडित डेटा को पढ़ने के लिए किया जाता है

(प्रकाश और अंधेरे रेखाएं शामिल हैं)]

ए] ग्राफिक टैबलेट

बी] संख्यात्मक पैड

सी] बारकोडरीडर

डी] चुंबकीय पट्टी पाठक

3] कौन सा इनपुट डिवाइस आमतौर पर लैपटॉप की एक मानक विशेषता है?

ए] ग्राफिक टैबलेट

बी] न्यूमेरिक कीबोर्ड

सी] टचपैड

डी] चुंबकीय पट्टी पाठक

4] ___________ ऐसे उपकरण हैं जो विद्युत ऊर्जा को प्रकाश में परिवर्तित करते हैं]

ए] एमिसिवडिस्प्ले

बी] गैर-उत्सर्जक प्रदर्शन

सी] दोनों (ए) और (बी)

डी] उपरोक्त में से कोई नहीं

5] चेक पर मैग्नेटाइज्ड कैरेक्टर को पढ़ने के लिए बैंकों में निम्नलिखित में से किस इनपुट डिवाइस का उपयोग किया जाता है?

ए] ओसीआर

बी] माइक्रो

सी] बार कोड रीडर

डी] चुंबकीय पट्‌टी पाठक

6] __________ प्रिंटर बिना रिबन का उपयोग किए अक्षरों को प्रिंट करते हैं और यह एक बार में एक पूरा पेज प्रिंट कर सकता है]

ए] प्रभाव

बी] गैरप्रभाव

सी] दोनों (ए) और (बी)

डी] उपरोक्त में से कोई नहीं

7] इम्पैक्ट प्रिंटर को _______ प्रकारों में विभाजित किया जा सकता है]

ए] चार

बी] छह

सी] तीन

डी] दो

8] _________ प्रिंटर वे प्रिंटर हैं जो एक समय में एक वर्ण प्रिंट करते हैं]

ए] लेजर

बी] ड्रम

सी] चेन

डी] डॉटमैट्रिक्स

9] निम्नलिखित में से कौन कैरेक्टर प्रिंटर के लिए एक उदाहरण है?

ए] लेजर

बी] ड्रम

सी] चेन

डी] डेज़ीव्हील

10] निम्न में से कौन लाइन प्रिंटर के लिए एक उदाहरण है?

ए] लेजर

बी] ड्रम

सी] डेज़ी व्हील

डी] डॉट मैट्रिक्स

1] नॉन-इम्पैक्ट प्रिंटर _________ तकनीकों का उपयोग करते हैं]

ए] इलेक्ट्रोस्टैटिक और रासायनिक

बी] थर्मल

सी] इंकजेट

डी] उपरोक्तसभी

2] कौन से प्रिंटर प्रिंट हेड और पेपर के बीच यांत्रिक संपर्क द्वारा आउटपुट उत्पन्न करते हैं?

ए] प्रभाव

बी] गैर-प्रभाव

सी] दोनों (ए) और (बी)

डी] उपरोक्त में से कोई नहीं

3] _______ वेक्टर ग्राफिक्स को प्रिंट करने के लिए एक कंप्यूटर प्रिंटर है]

ए] प्लॉटर

बी] प्रोजेक्टर

सी] दोनों (ए) और (बी)

डी] उपरोक्त में से कोई नहीं

4] प्लॉटर को __________ प्रकारों में विभाजित किया जा सकता है]

ए] तीन

बी] छह

सी] चार

डी] दो

5] मॉनिटर की रिफ्रेश दर ________ में मापी जाती है

ए] बाइट

बी] सेकंड

सी] हर्ट्ज़

डी] उपरोक्त में से कोई नहीं

6] डीएलपी प्रोजेक्टर में, डीएलपी का अर्थ _________ है

ए] डायरेक्ट लाइट प्रोसेसिंग

बी] प्रत्यक्ष कम प्रसंस्करण

सी] डिजिटल कम प्रसंस्करण

डी] डिजिटललाइटप्रोसेसिंग

7] ___________ आठ या अधिक डेटा तारों को जोड़ने के लिए एक इंटरफ़ेस है]

ए] सीरियल पोर्ट

बी] आग तार

सी] समानांतरपोर्ट

डी] उपरोक्त में से कोई नहीं

8] ________ सीरियल बस के लिए एक हाई-स्पीड रीयल-टाइम इंटरफ़ेस है और इसमें 400 एमबीपीएस तक डेटा ट्रांसफर है]

ए] सीरियल पोर्ट

बी] आगतार

सी] समानांतर पोर्ट

डी] उपरोक्त में से कोई नहीं

9] __________ एक तार के माध्यम से एक बिट डेटा प्रसारित करता है]

ए] सीरियलपोर्ट

बी] आग तार

सी] समानांतर पोर्ट

डी] उपरोक्त में से कोई नहीं

10] जो दो रंगीन पिक्सेल के बीच की विकर्ण दूरी को दर्शाता है?

ए] ताज़ा दर

बी] डॉटपिच

सी] दोनों (ए) और (बी)

डी] उपरोक्त में से कोई नहीं

1] ________ एक इनपुट डिवाइस है जो इनपुट स्वीकार करता है जब उपयोगकर्ता कंप्यूटर स्क्रीन पर उंगलियों को रखता है]

ए] जॉय स्टिक

बी] लाइट पेन

सी] ट्रैकबॉल

डी] टचस्क्रीन

2] ऑप्टिकल कैरेक्टर रिकग्निशन (ओसीआर) को _________ के रूप में भी जाना जाता है

ए] इंटेलिजेंट कोड रिकग्निशन

बी] इंटरमीडिएट कोड पहचान

सी] इंटरमीडिएट चरित्र पहचान

डी] बुद्धिमानचरित्रपहचान

3] __________ एक हैंडहेल्ड इलेक्ट्रो-ऑप्टिकल पॉइंटिंग डिवाइस है] इसे माउस पेन भी कहा जाता है]

ए] जॉय स्टिक

बी] लाइटपेन

सी] ट्रैकबॉल

डी] टच स्क्रीन

4] जॉयस्टिक ______ दिशाओं में गति की अनुमति देता है]

ए] ऊपर और नीचे

बी] बाएं और दाएं

सी] दोनों (ए) और (बी)

डी] उपरोक्त में से कोई नहीं

5] एक बेसिक टच स्क्रीन में तीन मुख्य घटक होते हैं] इसमें टच सेंसर, कंट्रोलर और _________ शामिल होते हैं

ए] ट्रांसमीटर

बी] रिसीवर

सी] सॉफ्टवेयरड्राइवर

डी] उपरोक्त में से कोई नहीं

6] ___________ एक बाहरी बस मानक है जिसका उपयोग डिजिटल उपकरणों से डेटा स्थानांतरित करने के लिए किया जाता है]

ए] सीरियल पोर्ट

बी] आग तार

सी] समानांतर पोर्ट

डी] यूएसबी

7] _________ प्रिंटर को पिन प्रिंटर भी कहा जाता है]

ए] लेजर

बी] ड्रम

सी] डेज़ी व्हील

डी] डॉटमैट्रिक्स

8] निम्नलिखित में से किसे परावर्तक स्कैनर के रूप में भी जाना जाता है?

ए] हैंडहेल्ड स्कैनर

बी] फ्लैटबेडस्कैनर

सी] ड्रम स्कैनर

डी] उपरोक्त में से कोई नहीं

9] एक स्कैनर जिसे कैप्चर की जा रही सामग्री पर हाथ से ले जाया जाता है उसे _________ के रूप में जाना जाता है

ए] शीटफेड स्कैनर

बी] फ्लैटबेड स्कैनर

सी] ड्रम स्कैनर

डी] हैंडहेल्डस्कैनर

10] MICR __________ रूप में उनके आकार की जांच करके वर्णों को पढ़ता है]

ए] बाइनरी

बी] ASCII

सी] मैट्रिक्स

डी] उपरोक्त में से कोई नहीं

1] आपको “QWERTY” अक्षर कहाँ मिलेंगे?

ए] जॉय स्टिक

बी] लाइट पेन

सी] न्यूमेरिक पैड

डी] कीबोर्ड

2] लाइट पेन में क्या होता है?

अगुवाई की

बी] स्याही

सी] प्रकाशसंवेदनतत्व

डी] उपरोक्त में से कोई नहीं

3] __________ एक प्रोटोकॉल है जिसे रिकॉर्डिंग और प्ले करने के लिए डिज़ाइन किया गया है

डिजिटल सिंथेसाइज़र पर बैक संगीत]

ए] संगीत इंटरफ़ेस

बी] ग्राफिकल यूजर इंटरफेस (जीयूआई)

C] न्यूजिकलडिजिटलइंस्ट्रूमेंटइंटरफेस (MIDI)

डी] उपरोक्त में से कोई नहीं

4] रोबोटिक्स और वर्चुअल रियलिटी में टच सेंसेशन और फाइन-मोशन कंट्रोल की सुविधा देने वाला एक इंटरेक्टिव डिवाइस कौन सा है?

ए] लाइट पेन

बी] जॉयस्टिक

सी] डेटादस्ताने

डी] उपरोक्त में से कोई नहीं

5] जॉय स्टिक, डेटा ग्लव जैसे विशेष I/O उपकरण ________ अनुप्रयोगों में शामिल हैं]

ए] फोटोनिक्स

बी] हैप्टिक्स

सी] अज्ञेयवादी

डी] उपरोक्त में से कोई नहीं

उत्तर

6] कौन सा उपकरण आमतौर पर कंप्यूटर कीबोर्ड से जुड़ा होता है जो नेत्रहीन लोगों को पढ़ने की अनुमति देता है?

ए] लाइट पेन

बी] जॉयस्टिक

सी] टच स्क्रीन

डी] ब्रेलडिस्प्ले

7] कई डॉट मैट्रिक्स प्रिंटर _________ हैं

ए] यूनी-डायरेक्शनल

बी] द्वि-दिशात्मक

सी] बहु-दिशात्मक

डी] उपरोक्त में से कोई नहीं

8] कौन सा हार्डवेयर घटक या घटकों की प्रणाली है जो मनुष्य को कंप्यूटर के साथ बातचीत करने की अनुमति देती है?

ए] इंटरफेसडिवाइस (आईडीएफ)

बी] ग्राफिकल यूजर इंटरफेस (जीयूआई)

C] म्यूजिकल डिजिटल इंस्ट्रूमेंट इंटरफेस (MIDI)

डी] उपरोक्त में से कोई नहीं

9] कौन सी एस्केप कोड भाषा है जिसका उपयोग दस्तावेज़ों को प्रिंट करने के लिए प्रिंटर को कमांड भेजने के लिए किया जाता है?

ए] पोस्टस्क्रिप्ट

बी] पीसीएल

सी] दोनों (ए) और (बी)

डी] उपरोक्त में से कोई नहीं

10] पीसीएल __________ के लिए खड़ा है

ए] प्रिंट कोड भाषा

बी] प्रिंटर कोड भाषा

सी] प्रिंटर कैरेक्टर लैंग्वेज

डी] प्रिंटरकमांडभाषा

1] _________ एक प्रिंटर भाषा है जो a . की उपस्थिति का वर्णन करने के लिए अंग्रेजी वाक्यांशों और प्रोग्रामेटिक निर्माण का उपयोग करती है

प्रिंटर पर मुद्रित पृष्ठ]

ए] <u>पोस्टस्क्रिप्ट</u>

बी] पीसीएल

सी] दोनों (ए) और (बी)

डी] उपरोक्त में से कोई नहीं

2] __________ एक उपकरण है जो व्यक्ति के शारीरिक या व्यवहार संबंधी लक्षणों को पहचानता है]

ए] स्मार्ट कार्ड रीडर

बी] ऑप्टिकल कैरेक्टर रीडर (ओसीआर)

सी] ऑप्टिकल मार्क रीडर (ओसीआर)

डी] <u>बॉयोमीट्रिकसेंसर</u>

3] प्रिंटर रिज़ॉल्यूशन प्रिंट गुणवत्ता का एक संख्यात्मक माप है जिसे ________ में मापा जाता है

ए] पेज प्रति मिनट (पीपीएम)

बी] लाइन्स प्रति मिनट (एलपीएम)

सी] प्रति सेकंड वर्ण (सीपीएस)

डी] <u>डॉट्सप्रतिइंच (डीपीआई)</u>

4] लेजर प्रिंटर में टोनर या स्याही __________ है

ए] <u>सूखा</u>

बी] गीला

सी] या तो (ए) या (बी)

डी] उपरोक्त में से कोई नहीं

5] एक थर्मल ट्रांसफर प्रिंटर एक _________ प्रिंटर है जो गर्मी का उपयोग करता है कागज पर छाप दर्ज करने के लिए]

ए] प्रभाव

बी] <u>गैर-प्रभाव</u>

सी] दोनों (ए) और (बी)

डी] उपरोक्त में से कोई नहीं

6] थर्मल ट्रांसफर प्रिंटर को _______ प्रकारों में विभाजित किया जा सकता है]

ए] तीन

बी] चार

सी] छह

डी] <u>दो</u>

7] डायरेक्ट थर्मल प्रिंटर __________ का उपयोग नहीं करता है

ए] गर्मी

बी] लेपित कागज

सी] रिबन

डी] उपरोक्त में से कोई नहीं

8] निम्न में से कौन सा प्रिंटर थर्मल ट्रांसफर रिबन का उपयोग करता है जिसमें मोम आधारित स्याही होती है?

ए] डायरेक्ट थर्मल

बी] थर्मलवैक्सट्रांसफर

सी] दोनों (ए) और (बी)

डी] उपरोक्त में से कोई नहीं

9] __________ एक ऐसा उपकरण है जो विभिन्न प्रकार के कार्य करता है जो अन्यथा अलग परिधीय उपकरणों द्वारा किया जाएगा]

ए] सिंगल फंक्शन पेरिफेरल

बी] मल्टीफंक्शनपेरिफेरल

सी] ड्यूल फंक्शन पेरिफेरल

डी] उपरोक्त में से कोई नहीं

10] इम्पैक्ट प्रिंटर ________ है/हैं

ए] डॉट मैट्रिक्स प्रिंटर

बी] लाइन प्रिंटर

सी] डेज़ी व्हील प्रिंटर

डी] उपरोक्तसभी

1] शब्द _________ डेटा स्टोरेज सिस्टम को संदर्भित करता है जो कंप्यूटर या इलेक्ट्रॉनिक डिवाइस के लिए डेटा को स्टोर और पुनर्प्राप्त करना संभव बनाता है]

ए] इनपुट तकनीक

बी] आउटपुट तकनीक

सी] भंडारणप्रौद्योगिकी

डी] उपरोक्त में से कोई नहीं

2] __________ एक स्टोरेज डिवाइस की शुरुआत से लेकर उस समय तक का समय है जब अगली एक्सेस शुरू की जा सकती है]

ए] मोड

बी] पहुंचसमय

सी] क्षमता

डी] उपरोक्त में से कोई नहीं

3] सीपीयू के साथ सीधे संचार करने वाली मेमोरी यूनिट को _________ कहा जाता है

ए] माध्यमिक या सहायक मेमोरी

बी] प्राथमिकयामुख्यमेमोरी

सी] दोनों (ए) और (बी)

डी] उपरोक्त में से कोई नहीं

4] कौन सी मेमोरी बड़ी मात्रा में डेटा स्टोर करती है और डेटा को सीधे सीपीयू द्वारा प्रोसेस नहीं किया जा सकता है?

ए] माध्यमिकयासहायकमेमोरी

बी] प्राथमिक या मुख्य मेमोरी

सी] दोनों (ए) और (बी)

डी] उपरोक्त में से कोई नहीं

5] निम्न में से कौन हार्ड डिस्क प्रदर्शन पैरामीटर है/हैं?

ए] समय की तलाश करें

बी] विलंबता अवधि

सी] पहुंच समय

डी] उपरोक्तसभी

6] एक डिस्क की सामग्री जो निर्माण के समय दर्ज की जाती है और जिसे उपयोगकर्ता द्वारा बदला या मिटाया नहीं जा सकता है

ए] केवल लिखें

बी] केवलपढ़नेकेलिए

सी] दोनों (ए) और (बी)

डी] उपरोक्त में से कोई नहीं

7] निम्नलिखित में से कौन सी मेमोरी एमओएस कैपेसिटर को मेमोरी सेल के रूप में उपयोग करती है?

ए] SRAM

बी] नाटक

सी] रोम

डी] फीफो

8] एक कुतरना ________ के बराबर होता है

ए] 4 बिट्स

बी] 8 बिट्स

सी] 16 बिट्स

डी] 32 बिट्स

9] एक बाइट 0 और ________ के बीच किसी भी संख्या का प्रतिनिधित्व कर सकता है

ए] 312

बी] 255

सी] 1024

डी] 1025

10] निम्न में से कौन सी मेमोरी चिप तेज है?

ए] नाटक

बी] SRAM

सी] दोनों (ए) और (बी)

डी] उपरोक्त में से कोई नहीं

1] 'गीगा बाइट' शब्द _________ के बराबर है

ए] 1024 बाइट

बी] 1024 केबी

सी] 1024 जीबी

डी] 1024 एमबी

2] __________ हार्डवेयर उपकरणों या प्रोग्राम प्रक्रियाओं द्वारा साझा किया गया एक डेटा क्षेत्र है जो विभिन्न गति से या प्राथमिकताओं के विभिन्न सेटों के साथ संचालित होता है]

ए] फ्लैश मेमोरी

बी] वर्चुअल मेमोरी

सी] बफर

डी] उपरोक्त में से कोई नहीं

3] __________ एक अस्थायी भंडारण क्षेत्र से कंप्यूटर की स्थायी मेमोरी में कंप्यूटर डेटा का स्थानांतरण है]

एक फ्लैश

बी] आभासी

सी] बफरफ्लश

डी] उपरोक्त में से कोई नहीं

4] जो सभी प्रकार की सॉलिड स्टेट मेमोरी के लिए एक सामान्य शब्द है जिसे समय-समय पर अपनी मेमोरी सामग्री रखने की आवश्यकता नहीं होती है

ताज़ा किया गया]

ए] अस्थिर स्मृति

बी] गैर-वाष्पशीलस्मृति

सी] दोनों (ए) और (बी)

डी] उपरोक्त में से कोई नहीं

5] __________ कंप्यूटर स्टोरेज है जो डिवाइस के संचालित होने पर ही अपना डेटा बनाए रखता है]

ए] <u>अस्थिरस्मृति</u>

बी] गैर-वाष्पशील स्मृति

सी] दोनों (ए) और (बी)

डी] उपरोक्त में से कोई नहीं

6] __________ एक प्रकार की गैर-वाष्पशील मेमोरी है जो डेटा को मिटा देती है

इकाइयाँ जिन्हें ब्लॉक कहा जाता है]

ए] <u>फ्लैशमेमोरी</u>

बी] वर्चुअल मेमोरी

सी] बफर

डी] उपरोक्त में से कोई नहीं

7] __________ एक ऑपरेटिंग सिस्टम की एक विशेषता है जो कंप्यूटर को रैम से डिस्क स्टोरेज में डेटा के पृष्ठों को अस्थायी रूप से स्थानांतरित करके भौतिक मेमोरी की कमी की भरपाई करने की अनुमति देता है]

ए] फ्लैश मेमोरी

बी] <u>वर्चुअलमेमोरी</u>

सी] बफर

डी] उपरोक्त में से कोई नहीं

8] _________ डिस्क को ट्रैक और सेक्टर में विभाजित करने की प्रक्रिया है]

ए] <u>स्वरूपण</u>

बी] ट्रैकिंग

सी] आवंटन

डी] उपरोक्त में से कोई नहीं

9] प्राथमिक उपकरण जो कंप्यूटर सूचनाओं को संग्रहीत करने के लिए उपयोग करता है ________ है

ए] फ्लॉपी डिस्क

बी] मॉनिटर

सी] <u>हार्डड्राइव</u>

डी] उपरोक्त में से कोई नहीं

10] एक हटाने योग्य चुंबकीय डिस्क जिसमें जानकारी होती है ___________ है

ए] <u>फ्लॉपीडिस्क</u>

बी] हार्ड ड्राइव

सी] मॉनिटर

डी] उपरोक्त में से कोई नहीं

1] निम्नलिखित में से कौन सा एक प्रकार का RAM है जिसका उपयोग विशेष रूप से वीडियो एडेप्टर या 3D एक्सेलेरेटर के लिए किया जाता है?

ए] नाटक

बी] SRAM

सी] एसजीआरएएम

डी] वीआरएएम

2] निम्नलिखित में से कौन सा क्लॉक-सिंक्रनाइज़्ड रैम है जिसका उपयोग वीडियो मेमोरी के लिए किया जाता है?

ए] नाटक

बी] SRAM

सी] एसजीआरएएम

डी] उपरोक्त में से कोई नहीं

3] __________ रीड ओनली मेमोरी (ROM) से बेसिक इनपुट/आउटपुट ऑपरेटिंग सिस्टम (BIOS) रूटीन की एक कॉपी है जो RAM के एक विशेष क्षेत्र में जाती है ताकि उन्हें और अधिक तेज़ी से एक्सेस किया जा सके]

ए] गतिशील रैम

बी] छायाराम

सी] सिंक्रोनस ग्राफिक्स रैम

डी] वीडियो राम

4] कौन सी मेमोरी अपने मेमोरी सेल में कैपेसिटर का उपयोग नहीं करती है?

ए] SRAM

बी] नाटक

सी] रोम

डी] उपरोक्त में से कोई नहीं

5] RAM में संग्रहीत जानकारी __________ होनी चाहिए

ए] चेक

बी] संशोधित करें

सी] समय-समयपरताज़ाकरें

डी] उपरोक्त में से कोई नहीं

6] मेमोरी __________ से बनी होती है

ए] तारों का सेट

बी] बड़ीसंख्यामेंकोशिकाएं

सी] सर्किट का सेट

डी] उपरोक्त में से कोई नहीं

7] _________ एक डिवाइस की अनुरोधित डेटा पर सीधे 'कूद' करने की क्षमता है

ए] अनुक्रमिक पहुंच

बी] <u>रैंडमएक्सेस</u>

सी] त्वरित पहुंच

डी] उपरोक्त में से कोई नहीं

8] वर्चुअल मेमोरी __________ है

ए] एक बहुत बड़ी मुख्य मेमोरी

बी] एक बहुत बड़ी माध्यमिक स्मृति

C] एक प्रकार का सुपर कंप्यूटर में प्रयोग किया जाता है

डी] <u>अत्यंतबड़ीमुख्यस्मृतिकाभ्रम</u>

9] निम्नलिखित में से कौन ऑप्टिकल डिस्क का एक उदाहरण है?

ए] चुंबकीय डिस्क

बी] मेमोरी डिस्क

सी] <u>डिजिटलबहुमुखीडिस्क</u>

डी] उपरोक्त में से कोई नहीं

10] कैश और मुख्य मेमोरी बिजली बंद होने पर अपनी सामग्री को रखने में सक्षम नहीं होगी] वे _________ हैं

ए] स्टेटिक

बी] गतिशील

सी] गैर अस्थिर

डी] <u>अस्थिर</u>

1] वह हार्डवेयर जिसमें कंप्यूटर सिस्टम के लिए डेटा स्टोर किया जा सकता है, _________ कहलाता है

ए] रजिस्टर

बी] बस

सी] नियंत्रण इकाई

डी] <u>मेमोरी</u>

2] निम्नलिखित में से कौन सी मेमोरी इलेक्ट्रॉनिक्स गति से संचालित करने में सक्षम है?

ए] चुंबकीय डिस्क

बी] चुंबकीय ड्रम

सी] <u>सेमीकंडक्टरमेमोरी</u>

डी] उपरोक्त में से कोई नहीं

3] ऐसी स्मृतियाँ जिनमें किसी स्थान का पता निर्दिष्ट करने के बाद निश्चित समय में पहुँचा जा सकता है, _________ कहलाती है

ए] अनुक्रमिक एक्सेस मेमोरी

बी] रैंडमएक्सेसमेमोरी

सी] क्विक एक्सेस मेमोरी

डी] मास स्टोरेज

4] निम्नलिखित में से कौन सी यूजर प्रोग्राम्ड सेमीकंडक्टर मेमोरी है?

ए] SRAM

बी] नाटक

सी] ईपीरोम

डी] उपरोक्त में से कोई नहीं

5] _____________ एक प्रकार की गैर-वाष्पशील मेमोरी है जो सामग्री की एक पतली परत से बनी होती है जिसे केवल एक दिशा में आसानी से चुम्बकित किया जा सकता है]

ए] बबलमेमोरी

बी] राम

सी] एसआरएएम

डी] उपरोक्त में से कोई नहीं

6] डेटा के गैर-वाष्पशील प्रत्यक्ष पहुंच भंडारण प्रदान करने के लिए उपयोग किए जाने वाले चुंबकीय भंडारण चिप्स और जिनके कोई हिलने-डुलने वाले हिस्से नहीं हैं

जाना जाता है_________

ए] चुंबकीय कोर मेमोरी

बी] चुंबकीय टेप मेमोरी

सी] चुंबकीय डिस्क मेमोरी

डी] चुंबकीयबुलबुलास्मृति

7] _____________ एक बहुत ही उच्च गति की मेमोरी है जो बीच में रखी जाती है

रैम और सीपीयू]

ए] चुंबकीय डिस्क

बी] चुंबकीय ड्रम

सी] वर्चुअल मेमोरी

डी] कैशमेमोरी

8] EDODRAM __________ के लिए खड़ा है

ए] विस्तारित डिजिटल आउटपुट डायनेमिक रैम

बी] विस्तारित गतिशील आउटपुट डिजिटल रैम

सी] विस्तारित डेटा आउटपुट डिजिटल रैम

डी] विस्तारितडेटाआउटपुटडायनेमिकरैम

9] एक बाइट ________ का एक संग्रह है

ए] 4 बिट्स

बी] 12 बिट्स

सी] 6 बिट्स

डी] 8 बिट्स

10] निम्नलिखित में से कौन सा शब्द मुख्य मेमोरी से सबसे निकट से संबंधित है?

ए] गैर अस्थिर

बी] स्थायी

सी] अस्थायी

डी] उपरोक्त में से कोई नहीं

1] वर्चुअल स्टोरेज के तहत _________

A] दो या दो से अधिक प्रोग्राम प्राइमरी स्टोरेज में स्टोर होते हैं

बी] प्राथमिकभंडारणमेंएककार्यक्रमकेकेवलसक्रियपृष्ठ

सी] अंतर-कार्यक्रम, हस्तक्षेप हो सकता है

डी] उपरोक्त में से कोई नहीं

2] सेकेंडरी स्टोरेज की तुलना में प्राइमरी स्टोरेज _______ है

ए] धीमा और महंगा

बी] धीमा और सस्ता

सी] तेज और सस्ता

डी] तेजऔरमहंगा

3] ROM सेमीकंडक्टर चिप में सॉफ्टवेयर/प्रोग्राम रखने की तकनीक को _______ कहा जाता है

ए] प्रोम

बी] ईपीरोम

सी] फर्मवेयर

डी] उपरोक्त में से कोई नहीं

4] _______ को एक बार निर्माता या कंप्यूटर उपयोगकर्ता के रूप में प्रोग्राम किया जा सकता है] एक बार प्रोग्राम करने के बाद यह नहीं हो सकता

संशोधित किया जाना]

ए] प्रोम

बी] ईपीरोम

रत्ता मार

डी] रोम

5] वर्चुअल मेमोरी को लागू करने की तकनीक जहां मेमोरी को निश्चित आकार की मेमोरी की इकाइयों में विभाजित किया जाता है __________ है

ए] पेजिंग

बी] डी-टुकड़े

सी] विभाजन

डी] उपरोक्त में से कोई नहीं

6] स्टोरेज डिवाइस जहां संग्रहीत जानकारी को पुनः प्राप्त करने का समय उस पते से स्वतंत्र होता है जहां इसे संग्रहीत किया जाता है उसे ________ कहा जाता है

ए] रैंडमएक्सेसमेमोरी

बी] सेकेंडरी मेमोरी

सी] सिस्टम

डी] उपरोक्त में से कोई नहीं

7] सीपीयू में एक मेमोरी जिसमें प्रोग्राम निर्देश, इनपुट डेटा, मध्यवर्ती परिणाम और उत्पादित आउटपुट जानकारी होती है

प्रसंस्करण के दौरान ___________ है

एक प्रणाली

बी] प्राथमिकमेमोरी

सी] सेकेंडरी मेमोरी

डी] उपरोक्त में से कोई नहीं

8] प्रोग्राम को यह विश्वास दिलाने के लिए डिस्क स्थान का उपयोग करने की तकनीक कि सिस्टम में वास्तव में उपलब्ध की तुलना में अधिक रैंडम एक्सेस मेमोरी (RAM) है, _______ कहलाती है

ए] रैंडम एक्सेस मेमोरी

बी] प्राथमिक मेमोरी

सी] सेकेंडरी मेमोरी

डी] वर्चुअलमेमोरी

9] CPU ______ में किसी भी समय रीड/राइट ऑपरेशन करता है

ए] प्रोम

बी] ईपीरोम

रत्ता मार

डी] रोम

10] एक स्टोरेज डिवाइस या माध्यम जहां एक्सेस का समय डेटा के स्थान पर निर्भर होता है उसे _________ कहा जाता है

ए] समानांतर पहुंच

बी] <u>सीरियलएक्सेस</u>

सी] दोनों (ए) और (बी)

डी] उपरोक्त में से कोई नहीं

1] कंप्यूटर शुरू करने के निर्देश _________ को घर पर हैं

ए] हार्ड डिस्क

बी] सीडी-रोम

C] <u>रीडओनलीमेमोरीचिप</u>

D। उपरोक्त सभी

2] ईएआरओएम _______ के लिए खड़ा है

ए] विद्युत रूप से परिवर्तित रीड ओनली मेमोरी

बी] विद्युत रूप से स्वीकृत रीड ओनली मेमोरी

सी] इलेक्ट्रॉनिक रूप से परिवर्तनीय रीड ओनली मेमोरी

डी] <u>विद्युतरूपसेपरिवर्तनीयरीडओनलीमेमोरी</u>

3] ________ DRAM द्वारा उपयोग किए जाने वाले विद्युत आवेशों के बजाय चुंबकीय आवेशों का उपयोग करके डेटा बिट्स को संग्रहीत करने की एक विधि है]

ए] वीआरएएम

बी] WRAM

सी] <u>एमआरएएम</u>

डी] उपरोक्त में से कोई नहीं

4] ________ एक उच्च प्रदर्शन वाली वीडियो रैम है जो डुअल पोर्टेड है]

ए] वीआरएएम

बी] <u>WRAM</u>

सी] एमआरएएम

डी] उपरोक्त में से कोई नहीं

5] _______ रैम है जो डायनामिक रैम की तेज पढ़ने और लिखने की पहुंच को जोड़ती है

ए] वीआरएएम

बी] WRAM

सी] एमआरएएम

डी] <u>फ्रेम</u>

6] __________ गैर-वाष्पशील भंडारण का एक रूप है जो विशेष रूप से तैयार ठोस ढांकता हुआ सामग्री के प्रतिरोध को बदलकर संचालित होता है]

ए] वीआरएएम

बी] WRAM

सी] एमआरएएम

डी] आरआरएएम

7] निम्नलिखित में से किस मेमोरी का एक्सेस टाइम सबसे कम है?

ए] कैशमेमोरी

बी] चुंबकीय बुलबुला मेमोरी

सी] चुंबकीय कोर मेमोरी

डी] उपरोक्त में से कोई नहीं

8] प्रत्येक डिस्क के लिए निम्न में से कौन सा अनिवार्य है?

ए] रूट

बी] उप

सी] नंगे

डी] उपरोक्त में से कोई नहीं

9] निम्न में से कौन सा भंडारण का सबसे छोटा उपाय है?

ए] केबी

बी] एमबी

सी] टीबी

डी] बाइट

10] किलोबाइट कितने बाइट्स के बराबर होता है?

ए] 1000

बी] 1064

सी] 1024

डी] उपरोक्त में से कोई नहीं

1] __________ कंप्यूटर डेटा और निर्देशों के संगठित संग्रह के लिए एक सामान्य शब्द है]

ए] फर्मवेयर

बी] सॉफ्टवेयर

सी] हार्डवेयर

डी] उपरोक्त में से कोई नहीं

2] सॉफ्टवेयर _____ को संदर्भित करता है

ए] फर्मवेयर

B] भौतिक घटक जिनसे एक कंप्यूटर बना होता है

सी] कार्यक्रम

डी] उपरोक्त में से कोई नहीं

3] सॉफ्टवेयर को _________ के रूप में वर्गीकृत किया जा सकता है

ए] फर्मवेयर और हार्डवेयर

बी] सिस्टम सॉफ्टवेयर और फर्मवेयर

सी] एप्लीकेशन सॉफ्टवेयर और हार्डवेयर

डी] सिस्टमसॉफ्टवेयरऔरएप्लीकेशनसॉफ्टवेयर

4] इस प्रकार का सॉफ्टवेयर अंतिम उपयोगकर्ताओं, एप्लिकेशन सॉफ्टवेयर और कंप्यूटर हार्डवेयर के साथ काम करता है ताकि अधिकांश

तकनीकी जानकारी]

ए] संचार सॉफ्टवेयर

बी] एप्लीकेशन सॉफ्टवेयर

सी] उपयोगिता सॉफ्टवेयर

डी] सिस्टमसॉफ्टवेयर

5] ___________ प्रोग्राम कंप्यूटर सिस्टम के रखरखाव से संबंधित दिन-प्रतिदिन के कार्य करते हैं]

ए] ऑपरेटिंग सिस्टम

बी] सिस्टमयूटिलिटीज

सी] भाषा अनुवादक

डी] एप्लीकेशन सॉफ्टवेयर

6] एप्लीकेशन सॉफ्टवेयर

ए] प्रोग्रामर की मदद करने के लिए डिज़ाइन किया गया है

बी] ऑपरेटिंग सिस्टम को नियंत्रित करने के लिए प्रयोग किया जाता है

सी] कंप्यूटरउपयोगकर्ताओंकेलिएविशिष्टकार्यकरताहै

डी] केवल डिजाइन बनाने के लिए प्रयोग किया जाता है

7] यह प्रोग्राम का सेट है जो आपके कंप्यूटर के हार्डवेयर डिवाइस और एप्लिकेशन सॉफ्टवेयर को एक साथ काम करने में सक्षम बनाता है]

ए] ऑपरेटिंग सिस्टम

बी] हेल्पर सॉफ्टवेयर

सी] सिस्टमसॉफ्टवेयर

डी] एप्लीकेशन सॉफ्टवेयर

8] निम्नलिखित में से कौन सिस्टम सॉफ्टवेयर का एक उदाहरण है/हैं?

ए] डिवाइस ड्राइवर्स

बी] भाषा अनुवादक

सी] सिस्टम यूटिलिटीज

डी] उपरोक्तसभी

9] ______ कंप्यूटर मेमोरी में लोड होने पर सॉफ्टवेयर की पहली परत है जब यह शुरू होता है]

ए] डिवाइस ड्राइवर्स

बी] भाषा अनुवादक

सी] सिस्टम यूटिलिटीज

डी] <u>ऑपरेटिंगसिस्टम</u>

10] ______ सिस्टम प्रोग्राम हैं, जो उपकरणों के समुचित कार्य के लिए जिम्मेदार हैं]

ए] <u>डिवाइसड्राइवर्स</u>

बी] भाषा अनुवादक

सी] सिस्टम यूटिलिटीज

डी] ऑपरेटिंग सिस्टम

1] एक __________ प्रोग्रामिंग भाषाओं को मशीनी भाषा में बदलने में मदद करता है]

ए] ऑपरेटिंग सिस्टम

बी] सिस्टम यूटिलिटीज

सी] <u>भाषाअनुवादक</u>

डी] एप्लीकेशन सॉफ्टवेयर

2] निम्नलिखित में से कौन एक ऑपरेटिंग सिस्टम का उदाहरण है/हैं?

ए] यूनिक्स

बी] लिनक्स

सी] विंडोज एक्सपी

डी] <u>उपरोक्तसभी</u>

3] भाषा अनुवादकों को तीन प्रमुख श्रेणियों में विभाजित किया जा सकता है] वे __________ हैं

ए] कंपाइलर, ऑपरेटिंग सिस्टम और असेंबलर

बी] कंपाइलर, डिवाइस ड्राइवर और असेंबलर

सी] कंपाइलर, दुभाषिया और सिस्टम उपयोगिता

डी] <u>कंपाइलर, दुभाषियाऔरअसेंबलर</u>

4] निम्नलिखित में से कौन सी भाषा मशीन कोड के सबसे करीब है?

ए] कंपाइलर

बी] दुभाषिया

सी] <u>असेंबलर</u>

डी] उपरोक्त में से कोई नहीं

5] जो पूरे प्रोग्राम को देखे बिना, लाइन-बाय-लाइन तरीके से सोर्स कोड का विश्लेषण और निष्पादन करता है?

ए] कंपाइलर

बी] <u>दुभाषिया</u>

सी] असेंबलर

डी] उपरोक्त में से कोई नहीं

6] एक _________ एक विशेष कार्यक्रम है जो एक विशेष प्रोग्रामिंग भाषा में लिखे गए बयानों को संसाधित करता है और उन्हें बदल देता है

मशीनी भाषा में]

ए] कंपाइलर

बी] डिवाइस ड्राइवर

सी] असेंबलर

डी] उपरोक्त में से कोई नहीं

7] ____________ एक सॉफ्टवेयर है जिसका उपयोग इलेक्ट्रॉनिक दस्तावेजों को बनाने, प्रारूपित करने, संपादित करने और प्रिंट करने के लिए किया जाता है]

ए] स्प्रेडशीट्स

बी] वर्डप्रोसेसर

सी] छवि संपादक

डी] उपरोक्त में से कोई नहीं

8] निम्नलिखित में से कौन वर्ड प्रोसेसर का उदाहरण है/हैं?

ए] माइक्रोसॉफ्ट वर्ड

बी] वर्डपरफेक्ट

सी] दोनों (ए) और (बी)

डी] उपरोक्त में से कोई नहीं

9] _________ को विशेष रूप से छवियों को कैप्चर करने, बनाने, संपादित करने और हेरफेर करने के लिए डिज़ाइन किया गया है?

ए] स्प्रेडशीट्स

बी] वर्ड प्रोसेसर

सी] छविसंपादक

डी] उपरोक्त में से कोई नहीं

10] निम्नलिखित में से कौन स्प्रैडशीट का उदाहरण है/हैं?

ए] माइक्रोसॉफ्ट एक्सेल

बी] कमल 1-2-3

सी] दोनों (ए) और (बी)

डी] उपरोक्त में से कोई नहीं

1] जो किसी भी प्रोग्राम को संदर्भित करता है जो कॉपी राइट नहीं है?

ए] फ्रीवेयर

बी] शेयरवेयर

सी] ओपन सोर्स सॉफ्टवेयर

डी] पब्लिकडोमेनसॉफ्टवेयर

2] इसके लेखक द्वारा मुफ्त में दिए गए कॉपीराइट सॉफ़्टवेयर के लिए आमतौर पर किस शब्द का उपयोग किया जाता है?

ए] फ्रीवेयर

बी] शेयरवेयर

सी] ओपन सोर्स सॉफ्टवेयर

डी] पब्लिक डोमेन सॉफ्टवेयर

3] __________ वह सॉफ्टवेयर है जो लोगों को सीमित अवधि के लिए प्रतियों को पुनर्वितरित करने की अनुमति के साथ आता है]

ए] फ्रीवेयर

बी] शेयरवेयर

सी] ओपन सोर्स सॉफ्टवेयर

डी] पब्लिक डोमेन सॉफ्टवेयर

4] लिनक्स एक प्रकार का __________ है

ए] फ्रीवेयर

बी] शेयरवेयर

सी] ओपनसोर्ससॉफ्टवेयर

डी] सार्वजनिक डोमेन सॉफ्टवेयर

5] निम्नलिखित में से कौन सा एप्लीकेशन सॉफ्टवेयर है?

ए] डेटाबेस प्रबंधन प्रणाली

बी] स्प्रेडशीट

सी] छवि संपादक

डी] उपरोक्तसभी

6] __________ स्मृति में स्थायी रूप से संग्रहीत सॉफ़्टवेयर का एक संयोजन है]

ए] फ्रीवेयर

बी] शेयरवेयर

सी] ओपन सोर्स सॉफ्टवेयर

डी] फर्मवेयर

7] __________ सॉफ्टवेयर प्रकाशकों से खरीदे गए अधिकांश सॉफ्टवेयर का प्रतिनिधित्व करता है]

ए] वाणिज्यिकसॉफ्टवेयर

बी] मालिकाना सॉफ्टवेयर

सी] ओपन सोर्स सॉफ्टवेयर

डी] फर्मवेयर

8] निम्नलिखित में से किस सॉफ्टवेयर को क्लोज्ड सोर्स सॉफ्टवेयर भी कहा जाता है?

ए] वाणिज्यिक सॉफ्टवेयर

बी] मालिकानासॉफ्टवेयर

सी] ओपन सोर्स सॉफ्टवेयर

डी] फर्मवेयर

9] ______________ एक या एक से अधिक फाइलों का संग्रह है जो किसी विशिष्ट के प्रदर्शन, विश्वसनीयता या सुरक्षा में खामियों को ठीक करता है

सॉफ्टवेयर उत्पाद]

ए] सॉफ्टवेयर अपडेट

बी] सॉफ्टवेयर पायरेसी

सी] सॉफ्टवेयरपैच

डी] उपरोक्त में से कोई नहीं

10] निम्नलिखित में से कौन सा सिस्टम सॉफ्टवेयर है?

ए] माइक्रोसॉफ्ट वर्ड

बी] माइक्रोसॉफ्ट एक्सेल

सी] एडोब फोटोशॉप

डी] विंडोज 7

1] निम्नलिखित में से कौन छवि संपादकों का उदाहरण है/हैं?

ए] एडोब फोटोशॉप

बी] एडोब इलस्ट्रेटर

सी] कोरल ड्रा

डी] उपरोक्तसभी

2] ______________ को फ्रीवेयर के रूप में वितरित किया जाता है, लेकिन इसके लिए उपयोगकर्ता को सॉफ़्टवेयर का उपयोग करने के लिए विज्ञापन देखने की आवश्यकता होती है]

ए] एडवेयर

बी] त्यागें

सी] डोनेशनवेयर

D। उपरोक्त सभी

3] एडवेयर को कभी-कभी _________ कहा जाता है

ए] शेयरवेयर

बी] त्यागें

सी] डोनेशनवेयर

डी] स्पाइवेयर

4] _________ किसी संगठन के आंतरिक रूप से विकसित सॉफ्टवेयर की अनधिकृत नकल या का अवैध दोहराव है

व्यावसायिक रूप से उपलब्ध सॉफ्टवेयर]

ए] सॉफ्टवेयर लाइसेंस

बी] सॉफ्टवेयरपायरेसी

सी] दोनों (ए) और (बी)

डी] उपरोक्त में से कोई नहीं]

5] निम्नलिखित में से किस गतिविधि को सॉफ्टवेयर पाइरेसी कहा जा सकता है?

ए] सॉफ्टलोडिंग

बी] हार्ड डिस्क लोडिंग

सी] इंटरनेट डाउनलोडिंग

डी] उपरोक्तसभी

6] ___________ का अर्थ है किसी ऐसे व्यक्ति के साथ कार्यक्रम साझा करना जो लाइसेंस समझौते द्वारा इसका उपयोग करने के लिए अधिकृत नहीं है]

ए] सॉफ्ट लोडिंग

बी] हार्ड डिस्क लोडिंग

सी] इंटरनेट डाउनलोडिंग

डी] किराएपरलेना

7] EULA एक सॉफ्टवेयर निर्माता और उपयोगकर्ता के बीच एक कानूनी समझौता है] EULA का क्या अर्थ है?

ए] उपयोगकर्ता लाइसेंस समझौते से बाहर निकलें

बी] उपयोगिता लाइसेंस समझौते से बाहर निकलें

सी] एंड यूटिलिटी लाइसेंस एग्रीमेंट

डी] अंतिमउपयोगकर्तालाइसेंससमझौता

8] यदि आप लाइसेंसिंग समझौते के उल्लंघन में किसी मित्र के सॉफ़्टवेयर को उधार लेते हैं और उसकी प्रतिलिपि बनाते हैं, तो वह किस प्रकार की चोरी है?

ए] इंटरनेट डाउनलोडिंग

बी] हार्ड डिस्क लोडिंग

सी] सॉफ्टलोडिंग

डी] किराए पर लेना

9] सॉफ्ट लोडिंग को ___________ भी कहा जाता है

ए] एंड यूजर पाइरेसी

बी] सॉफ्ट लिफ्टिंग

सी] <u>दोनों (ए) और (बी)</u>

डी] उपरोक्त में से कोई नहीं]

10] ___________ एक सामग्री वितरण प्रोटोकॉल है जो कुशल सॉफ्टवेयर वितरण और पीयर-टू-पीयर साझाकरण को सक्षम बनाता है

नेटवर्क पुनर्वितरण बिंदुओं के रूप में काम करने के लिए उपयोगकर्ताओं को सक्षम करके बड़ी फाइलें]

ए] फ्रीवेयर

बी] <u>बिटटोरेंट</u>

सी] कोरल ड्रा

डी] उपरोक्त में से कोई नहीं]

Q. 1 ________ मूल्यवान जानकारी को अनधिकृत पहुंच, रिकॉर्डिंग, प्रकटीकरण या विनाश से बचाने के लिए अपनाई जाने वाली प्रथा और सावधानियां हैं।

ए] नेटवर्क सुरक्षा

बी] डेटाबेस सुरक्षा

सी] <u>सूचनासुरक्षा</u>

डी] शारीरिक सुरक्षा

Q. 2 ________ प्लेटफॉर्म का उपयोग क्लाउड में सूचना की सुरक्षा और सुरक्षा के लिए किया जाता है।

ए] <u>क्लाउडवर्कलोडप्रोटेक्शनप्लेटफॉर्म</u>

बी] क्लाउड सुरक्षा प्रोटोकॉल

सी] एडब्ल्यूएस

डी] वन ड्राइव

प्र. 3 गोपनीय जानकारी से समझौता करना _______ के अंतर्गत आता है।

एक दोष

बी] <u>धमकी</u>

सी] भेद्यता

डी] हमला

Q. 4 किसी सिस्टम या नेटवर्क को नुकसान पहुंचाने, नुकसान पहुंचाने या खतरा पैदा करने के प्रयास को मोटे तौर पर _______ कहा जाता है

ए] साइबर अपराध

बी] <u>साइबरअटैक</u>

सी] सिस्टम अपहरण

डी] डिजिटल अपराध

Q. 5 CIA ट्रायड को अक्सर निम्नलिखित में से किसके द्वारा दर्शाया जाता है?

ए] त्रिभुज

बी] विकर्ण

सी] अंडाकार

डी] सर्कल

Q. 6 सूचना सुरक्षा से संबंधित, गोपनीयता निम्नलिखित में से किसके विपरीत है?

ए] क्लोजर

बी] प्रकटीकरण

सी] आपदा

डी] निपटान

Q. 8 __________ का अर्थ अज्ञात उपयोगकर्ताओं द्वारा संशोधन से डेटा की सुरक्षा है।

ए] गोपनीयता

बी] वफ़ादारी

सी] प्रमाणीकरण

डी] गैर-अस्वीकृति

Q. 9 _______ सूचना का अर्थ है, केवल अधिकृत उपयोगकर्ता ही जानकारी तक पहुँचने में सक्षम हैं।

ए] गोपनीयता

बी] वफ़ादारी

सी] गैर-अस्वीकृति

डी] उपलब्धता

प्र. 10 यह सूचना के मूल और प्रामाणिक उपयोगकर्ता की पहचान करने में मदद करता है। इसे यहाँ __________ के रूप में संदर्भित किया गया है

ए] गोपनीयता

बी] वफ़ादारी

सी] प्रामाणिकता

डी] उपलब्धता

Q. 11 डेटा __________ का उपयोग गोपनीयता सुनिश्चित करने के लिए किया जाता है।

ए] एन्क्रिप्शन

बी] लॉकिंग

सी] डिक्रिप्शन

डी] बैकअप

Q. 12 OSI सुरक्षा आर्किटेक्चर में OSI का क्या अर्थ है?

ए] ओपन सिस्टम इंटरफेस

बी] <u>ओपनसिस्टमइंटरकनेक्शन</u>

सी] ओपन सोर्स इनिशिएटिव

डी] मानक इंटरकनेक्शन खोलें

प्र. 13 एक कंपनी को अपने उपयोगकर्ताओं को हर महीने पासवर्ड बदलने की आवश्यकता होती है। यह नेटवर्क के _________ में सुधार करता है।

एक प्रदर्शन

बी] विश्वसनीयता

सी] <u>सुरक्षा</u>

डी] उपरोक्त में से कोई नहीं

Q. 14 संदेश सामग्री का विमोचन और यातायात विश्लेषण दो प्रकार के _________ हमले हैं।

ए] सक्रिय हमला

बी] हमले का संशोधन

सी] <u>निष्क्रियहमला</u>

डी] डॉस अटैक

Q. 15 _________ एन्क्रिप्टेड टेक्स्ट है।

ए] सिफर स्क्रिप्ट

बी] <u>सिफरटेक्स्ट</u>

सी] गुप्त पाठ

डी] गुप्त लिपि

Q. 17 निम्नलिखित में से कौन सा एल्गोरिदम सममित एन्क्रिप्शन से संबंधित नहीं है

ए] 3 डीईएस (ट्रिपलडेस)

बी] <u>आरएसए</u>

सी] आरसी5

डी] आइडिया

Q. 18 सममित एन्क्रिप्शन का सबसे बड़ा नुकसान कौन सा है?

ए] अधिक जटिल और इसलिए अधिक समय लेने वाली गणना।

बी] <u>गुप्तकुंजीकेसुरक्षितसंचरणकीसमस्या।</u>

सी] कम सुरक्षित एन्क्रिप्शन फ़ंक्शन।

डी] अब और उपयोग नहीं किया जाता है।

प्रश्न 19 क्रिप्टोग्राफी में, सिफर क्या है?

ए] <u>एन्क्रिप्शनऔरडिक्रिप्शनकरनेकेलिएएल्गोरिदम</u>

बी] एन्क्रिप्टेड संदेश

सी] एन्क्रिप्शन और डिक्रिप्शन और एन्क्रिप्टेड संदेश करने के लिए दोनों एल्गोरिदम

डी] डिक्रिप्टेड संदेश

प्रश्न 21 निम्नलिखित में से कौन सा एल्गोरिथम असममित-कुंजी क्रिप्टोग्राफी में उपयोग नहीं किया जाता है?

ए] आरएसए एल्गोरिदम

बी] डिफी-हेलमैन एल्गोरिदम

सी] इलेक्ट्रॉनिककोडबुकएल्गोरिदम

डी] डीएसए एल्गोरिथ्म

प्र. 23 डेटा एन्क्रिप्शन मानक (डीईएस) क्या है?

ए] ब्लॉकसिफर

बी] स्ट्रीम सिफर

सी] बिट सिफर

डी] बाइट सिफर

Q. 24 एक असममित-कुंजी (या सार्वजनिक कुंजी) सिफर का उपयोग करता है

ए] 1 कुंजी

बी] 2 कुंजी

सी] 3 कुंजी

डी] 4 कुंजी

Q. 26 __________ साधारण सादे पाठ को विकृत अमानवीय पठनीय पाठ और इसके विपरीत में परिवर्तित करने के लिए उपयोग की जाने वाली प्रक्रिया या तंत्र है।

ए] मैलवेयर विश्लेषण

बी] शोषण लेखन

सी] रिवर्स इंजीनियरिंग

डी] क्रिप्टोग्राफी

Q.27 _____________ एक विशिष्ट प्रारूप में सूचनाओं को संग्रहीत करने और प्रसारित करने का एक साधन है, ताकि केवल वही लोग इसे समझ सकें या संसाधित कर सकें जिनके लिए इसकी योजना बनाई गई है।

ए] मैलवेयर विश्लेषण

बी] क्रिप्टोग्राफी

सी] रिवर्स इंजीनियरिंग

डी] शोषण लेखन

Q. 28 क्रिप्टोग्राफिक एल्गोरिदम गणितीय एल्गोरिदम पर आधारित हैं जहां ये एल्गोरिदम डेटा के सुरक्षित परिवर्तन के लिए __________ का उपयोग करते हैं।

ए] गुप्तकुंजी

बी] बाहरी कार्यक्रम

सी] ऐड-ऑन

डी] माध्यमिक कुंजी

Q. 29 पारंपरिक क्रिप्टोग्राफी को __________ या सममित-कुंजी एन्क्रिप्शन के रूप में भी जाना जाता है।

ए] गुप्तकुंजी

बी] सार्वजनिक कुंजी

सी] संरक्षित कुंजी

डी] प्राथमिक कुंजी

Q. 30 अंतिम ब्लॉक में बिट्स जोड़ने की प्रक्रिया को __________ कहा जाता है

ए] डिक्रिप्शन

बी] हैशिंग

सी] ट्यूनिंग

डी] पैडिंग

Q. 32 ECC एन्क्रिप्शन सिस्टम ___________ है

ए] सममित कुंजी एन्क्रिप्शन एल्गोरिदम

बी] असममितकुंजीएन्क्रिप्शनएल्गोरिदम

सी] एक एन्क्रिप्शन एल्गोरिदम नहीं

डी] ब्लॉक सिफर विधि

Q. 33 _________फंक्शन एक संदेश से एक संदेश डाइजेस्ट बनाता है।

ए] एन्क्रिप्शन

बी] डिक्रिप्शन

सी] हैश

डी] उपरोक्त में से कोई नहीं

Q. X.509 प्रमाणपत्रों में 34 एक्सटेंशन संस्करण _____ में जोड़े गए थे

ए] 1

बी] 2

सी] 3

डी] 4

Q. 35 एक डिजिटल हस्ताक्षर के लिए _____ प्रणाली की आवश्यकता होती है

ए] सममित-कुंजी

बी] असममित-कुंजी

सी] या तो (ए) या (बी)

डी] न तो (ए) और न ही (बी)

Q. 37 ECC का मतलब है

ए] अण्डाकार वक्र क्रिप्टोग्राफी

बी] एन्हांस्ड कर्व क्रिप्टोग्राफी

सी] अण्डाकार शंकु क्रिप्टोग्राफी

डी] ग्रहणवक्रक्रिप्टोग्राफी

Q. 38 जब संदेश प्रमाणीकरण प्रदान करने के लिए हैश फ़ंक्शन का उपयोग किया जाता है, तो हैश फ़ंक्शन मान को कहा जाता है

ए] संदेश फ़ील्ड

बी] संदेश डाइजेस्ट

सी] संदेश स्कोर

डी] संदेशछलांग

Q. 39 संदेश प्रमाणीकरण कोड को के रूप में भी जाना जाता है

ए] कुंजी कोड

बी] हैशकोड

सी] कुंजीबद्ध हैश फ़ंक्शन

Q. 40 MAC और डिजिटल हस्ताक्षर में मुख्य अंतर यह है कि, डिजिटल हस्ताक्षर में संदेश का हैश मान उपयोगकर्ता की सार्वजनिक कुंजी के साथ एन्क्रिप्ट किया जाता है।

सत्य

बी] FALSE

Q. 41 DSS हस्ताक्षर किस हैश एल्गोरिथम का उपयोग करता है?

ए] एमडी 5

बी] एसएचए-2

सी] एसएचए-1

डी] हैश एल्गोरिथम का उपयोग नहीं करता है

प्र. 42 MD5 और SHA-1 प्रसंस्करण के बाद RSA हस्ताक्षर हैश का आकार क्या है?

ए] 42 बाइट्स

बी] 32 बाइट्स

सी] 36 बाइट्स

डी] 48 बाइट्स

Q. 43 हैंडशेक प्रोटोकॉल में क्लाइंट और सर्वर के बीच सबसे पहले कौन सा मैसेज टाइप भेजा जाता है?

ए] सर्वर_हैलो

बी] क्लाइंट_हैलो

सी] hello_request

डी] प्रमाणपत्र_अनुरोध

Q. 44 आमतौर पर इस्तेमाल की जाने वाली सार्वजनिक-कुंजी क्रिप्टोग्राफी पद्धति _______ एल्गोरिदम है।

ए] आरएसएस

बी] रसो

सी] आरएसए

डी] आरएए

Q. 45 _________ विधि दो पक्षों के लिए एक बार की सत्र कुंजी प्रदान करती है।

ए] डिफी-हेलमैन

बी] आरएसए

सी] देस

डी] एईएस

Q. 46 यदि दो पक्ष एक दूसरे के लिए प्रमाणित नहीं हैं, तो __________ हमला डिफी-हेलमैन पद्धति की सुरक्षा को खतरे में डाल सकता है।

ए] मैन-इन-द-बीच

बी] सिफरटेक्स्ट हमला

सी] सादा पाठ हमला

डी] उपरोक्त में से कोई नहीं

Q. 48 VPN को ___________ के रूप में संक्षिप्त किया गया है

ए] विजुअल प्राइवेट नेटवर्क

बी] वर्चुअल प्रोटोकॉल नेटवर्क

सी] वर्चुअलप्राइवेटनेटवर्क

डी] वर्चुअल प्रोटोकॉल नेटवर्किंग

Q. 49 ___________ निजी तौर पर डेटा भेजने और प्राप्त करने के लिए एक सार्वजनिक नेटवर्क में एक पृथक सुरंग प्रदान करता है जैसे कि कंप्यूटिंग डिवाइस सीधे निजी नेटवर्क से जुड़े थे।

ए] विजुअलप्राइवेटनेटवर्क

बी] वर्चुअल प्रोटोकॉल नेटवर्क

सी] वर्चुअल प्रोटोकॉल नेटवर्किंग

डी] वर्चुअल प्राइवेट नेटवर्क

Q. 50 वीपीएन सिस्टम को वर्गीकृत करने के लिए कौन से कथन सही नहीं हैं?

ए] यातायात सुरंग बनाने के लिए प्रयुक्त प्रोटोकॉल

बी] क्या वीपीएन साइट-टू-साइट या रिमोट एक्सेस कनेक्शन प्रदान कर रहे हैं

सी] बॉट्सऔरमालवेयरसेनेटवर्ककोसुरक्षितकरना

डी] निजी तौर पर डेटा भेजने और प्राप्त करने के लिए प्रदान की गई सुरक्षा के स्तर

Q. 51 VPN में किस प्रकार के प्रोटोकॉल का उपयोग किया जाता है?

ए] आवेदनस्तरप्रोटोकॉल

बी] टनलिंग प्रोटोकॉल

सी] नेटवर्क प्रोटोकॉल

डी] मेलिंग प्रोटोकॉल

प्र। 52 वीपीएन सुरक्षा और गोपनीयता बनाए रखने के लिए एन्क्रिप्शन तकनीकों का उपयोग करते हैं जो सार्वजनिक नेटवर्क के माध्यम से दूर से संचार करते हैं।

सत्य

बी] झूठा

Q. 53 वीपीएन __________ प्रकार के होते हैं।

ए] 3

बी] 2

सी] 5

डी] 4

Q. 54 __________ प्रकार के वीपीएन घरेलू निजी और सुरक्षित कनेक्टिविटी के लिए उपयोग किए जाते हैं।

ए] रिमोटएक्सेसवीपीएन

बी] साइट-टू-साइट वीपीएन

सी] पीयर-टू-पीयर वीपीएन

डी] राउटर-टू-राउटर वीपीएन

प्र. 55 विभिन्न भौगोलिक स्थिति में रहने वाली कंपनियों में कॉर्पोरेट कनेक्टिविटी के लिए किस प्रकार के वीपीएन का उपयोग किया जाता है?

ए] रिमोट एक्सेस वीपीएन

बी] साइट-टू-साइटवीपीएन

सी] पीयर-टू-पीयर वीपीएन

डी] देश-से-देश वीपीएन

Q. 56 साइट-टू-साइट वीपीएन आर्किटेक्चर को __________ के रूप में भी जाना जाता है

ए] रिमोट कनेक्शन आधारित वीपीएन

बी] पीयर-टू-पीयर वीपीएन

सी] एक्स्ट्रानेटआधारितवीपीएन

डी] देश-से-देश वीपीएन

Q. 57 वीपीएन प्रोटोकॉल के __________ प्रकार हैं।

ए] 3

बी 4

सी] 5

डी] 6

Q. 58 IPSec को __________ में सुरक्षा प्रदान करने के लिए डिज़ाइन किया गया है

ए] परिवहन परत

बी] नेटवर्कपरत

सी] आवेदन परत

डी] सत्र परत

Q. 59 टनल मोड में, IPSec __________ की सुरक्षा करता है

ए] संपूर्णआईपीपैकेट

बी] आईपी हेडर

सी] आईपी पेलोड

डी] आईपी ट्रेलर

Q. 60 प्रिटी गुड प्राइवेसी (PGP) का उपयोग _______ में किया जाता है

ए] ब्राउज़र सुरक्षा

बी] ईमेलसुरक्षा

सी] एफ़टीपी सुरक्षा

डी] वाईफाई सुरक्षा

Q. 61 PGP _______ नामक ब्लॉक सिफर का उपयोग करके डेटा को एन्क्रिप्ट करता है

ए] अंतर्राष्ट्रीयडेटाएन्क्रिप्शनएल्गोरिदम

बी] निजी डेटा एन्क्रिप्शन एल्गोरिदम

सी] इंटरनेट डेटा एन्क्रिप्शन एल्गोरिदम

डी] स्थानीय डेटा एन्क्रिप्शन एल्गोरिदम

Q. 62 IKE ______ के लिए SA बनाता है।

ए] एसएसएल

बी] पीजीपी

सी] आईपीएसईसी

डी] वी पी

Q. 63 _______ IP स्तर पर पैकेट के लिए या तो प्रमाणीकरण या एन्क्रिप्शन, या दोनों प्रदान करता है।

ए] आह

बी] ईएसपी

सी] पीजीपी

डी] एसएसएल

Q. 64 एक संगठन के अंदर एक ________नेटवर्क का उपयोग किया जाता है।

ए] निजी

बी] सार्वजनिक

सी] अर्ध-निजी

डी] अर्ध-सार्वजनिक

Q. 65 एसएसएल __________ प्रदान करता है।

ए] संदेश अखंडता

बी] गोपनीयता

सी] संपीड़न

डी] उपरोक्तसभी

प्र. 66 आईकेई ________ का उपयोग करता है

ए] ओकली

बी] SKEME

सी] इसाकएमपी

डी] उपरोक्तसभी

Q. 67 _______ में, किसी भी प्रमाण पत्र के लिए पूरी तरह से विश्वसनीय प्राधिकारी से एक ही रास्ता है।

ए] X509

बी] पीजीपी

सी] केडीसी

डी] उपरोक्त में से कोई नहीं

Q. 68 A _______ LAN के लिए गोपनीयता प्रदान करता है जिसे वैश्विक इंटरनेट के माध्यम से संचार करना चाहिए।

ए] वीपीपी

बी] वीएनपी

सी] वीएनएन

डी] वीपीएन

Q. 69 ________ सर्टिफिकेट ट्रस्ट लेवल के विचार का उपयोग करता है।

ए] X509

बी] पीजीपी

सी] केडीसी

डी] उपरोक्त में से कोई नहीं

1. प्रोसेसर, मेन मेमोरी (रैम), हार्ड डिस्क, सीडी/डीवीडी ड्राइव, सीएमओएस, बीआईओएस चिप आदि ______ के अंदर रखे जाते हैं।

(ए) इनपुट यूनिट

(बी) सेंट्रलप्रोसेसिंगयूनिट (सीपीयू)

(सी) आउटपुट यूनिट

(डी) उन सभी

2. _______ में प्रोसेसर, मेन मेमोरी (रैम), हार्ड डिस्क, सीडी/डीवीडी ड्राइव, सीएमओएस, बीआईओएस चिप आदि को ठीक/कनेक्ट करने के लिए स्लॉट होते हैं।

(ए) मदरबोर्ड

(बी) ब्रेड बोर्ड

(सी) कुंजी बोर्ड

(डी) डैश बोर्ड

3. सीआरटी मॉनिटर के माध्यम से इनपुट प्रदान करने के लिए प्रयुक्त स्टाइलस को ________ कहा जाता है।

(ए) स्कैनर

(बी) डिजिटल टैबलेट

(सी) लाइटपेन

(डी) प्रिंटर

4. वीडीयू को _______ के रूप में विस्तारित किया जाता है।

(ए) विजुअलडिस्प्लेयूनिट

(बी) वर्चुअल डिस्प्ले यूनिट (सी) विजुअल डिसेप्शन यूनिट

(डी) विजुअल डिस्प्ले यूनिवर्सिटी

5. कंप्यूटर मॉनीटर में, CRT का अर्थ ______ है।

(ए) कैडमियम रे ट्यूब

(बी) कैथोडरेट्यूब

(सी) कैथोड रे ट्विस्ट

(डी) कैथोड रिम

6. कैथोड रे ट्यूब (CRT) मॉनिटर में मॉनिटर के बीच बिजली की खपत का _________ स्तर होता है।

(ए) उच्चतम

(बी) सबसे कम

(सी) शून्य

(डी) कम से कम

7. LCD को ______ के रूप में विस्तारित किया जाता है।

(ए) रैखिक क्रिस्टल डिस्प्ले

(बी) लिक्विड क्रिस्टल डायलॉग

(सी) लिक्विडक्रिस्टलडिस्प्ले

(डी) तरल कनस्तर प्रदर्शन

8. LED को ________ के रूप में विस्तारित किया जाता है।

(ए) रैखिक उत्सर्जक डायोड

(बी) प्रकाशउत्सर्जकडायोड

(सी) तरल उत्सर्जक डायोड

(डी) प्रकाश उत्सर्जक प्रदर्शन

9. LCD मॉनिटर का डिस्प्ले LED मॉनिटर की तुलना में ________ होता है।

(एक लाइटर

(बी) भारी

(सी) उज्जवल

(डी) सुस्त

10. मॉनिटर स्क्रीन की ऊंचाई से चौड़ाई के अनुपात को _______ कहा जाता है।

(ए) पहलूअनुपात

(बी) लंबाई अनुपात

(सी) चौड़ाई अनुपात

(डी) विकर्ण अनुपात

11. आम तौर पर, सीआरटी मॉनिटरों का पहलू अनुपात __________ होता है।

(ए) 16:9

(बी) 4:3

(सी) 16:10

(डी) 1:1

12. प्रिंटर का वह प्रकार जो प्रिंट बनाने के लिए कागज से टकराता है, ______ कहलाता है।

(एक मॉनिटर

(बी) स्कैनर

(सी) गैर-प्रभाव प्रकार प्रिंटर

(डी) प्रभावप्रकारप्रिंटर

13. प्रिंटर का वह प्रकार जो प्रिंट बनाने के लिए कागज से नहीं टकराता _______ कहलाता है।

(एक मॉनिटर

(बी) स्कैनर

(सी) गैर-प्रभावप्रकारप्रिंटर

(डी) प्रभाव प्रकार प्रिंटर

14. डॉट मैट्रिक्स प्रिंटर ________ श्रेणी के अंतर्गत आता है।

(एक मॉनिटर

(बी) स्कैनर

(सी) गैर-प्रभाव प्रकार प्रिंटर

(डी) प्रभावप्रकारप्रिंटर

15. लेजर प्रिंटर, इंकजेट प्रिंटर, थर्मल प्रिंटर और प्लॉटर _____ श्रेणी से संबंधित हैं।

(एक मॉनिटर

(बी) स्कैनर

(सी) गैर-प्रभावप्रकारप्रिंटर

(डी) प्रभाव प्रकार प्रिंटर

16. थर्मल प्रिंटर _______ कोटेड पेपर का उपयोग करता है, जो गर्म करने पर काला हो जाता है।

(ए) क्रोमियम

(बी) बिसफिनोल

(सी) निकल

(डी) टोनर पाउडर

17. वह इकाई जो कंप्यूटर की अपनी इकाइयों के लिए आवश्यक विभिन्न वोल्टेज में बिजली की आपूर्ति को विभाजित करती है, ______ कहलाती है।

(ए) ट्रांसफार्मर

(बी) स्विचमोडबिजलीकीआपूर्ति (एसएमपीएस)

(सी) ट्रांजिस्टर

(डी) ट्रांसड्यूसर

18. कंप्यूटर में SMPS का फुल फॉर्म ______ है।

(ए) सिंक मोड बिजली की आपूर्ति

(बी) स्विचमोडबिजलीकीआपूर्ति

(सी) स्टेक मोड बिजली की आपूर्ति

(डी) स्विच मोड पावर सॉकेट

19. एक डेस्कटॉप कंप्यूटर में, ______ रेडियो फ्रीक्वेंसी इंटरफेरेंस उत्पन्न करता है।

(ए) एसएमपीएस

(बी) माइक्रो-प्रोसेसर

(रत्ता मार

(डी) माउस

20. बाह्य उपकरणों को जोड़ने के लिए सीपीयू के फ्रंट पैनल या रियर पैनल में दिए गए उद्घाटन को _____ कहा जाता है।

(ए) सॉकेट

(बी) पिन

(सी) बंदरगाह

(डी) भाग

21. बाहरी डायलअप मॉडेम को ______ पोर्ट का उपयोग करके कंप्यूटर से जोड़ा जा सकता है।

(ए) आरएस 232 / धारावाहिक

(बी) पीएस / 2

(सी) वीजीए

(डी) एलपीटी

22. पुराने स्टाइल (SIMPLEX) प्रिंटर (जैसे डॉट मैट्रिक्स प्रिंटर) को _____ पोर्ट का उपयोग करके कंप्यूटर से जोड़ा जा सकता है।

(ए) आरएस 232 / धारावाहिक

(बी) पीएस / 2

(सी) वीजीए

(डी) एलपीटी

23. आधुनिक (DUPLEX) प्रिंटर (जैसे LASER जेट, इंकजेट प्रिंटर) को ______ पोर्ट का उपयोग करके कंप्यूटर से जोड़ा जा सकता है।

(ए) आरएस232 /

(बी) यूएसबी

(सी) पीएस / 2

(डी) वीजीए

24. ब्रॉडबैंड कनेक्शन को _____ पोर्ट के माध्यम से जोड़ा जा सकता है।

(ए) आरजे 45 / ईथरनेट

(बी) यूएसबी

(सी) पीएस / 2

(डी) वीजीए

25. प्रिंटर, फैक्स मशीन, स्कैनर, वेब कैमरा, बाहरी डीवीडी राइटर, बाहरी हार्ड डिस्क आदि को ______ पोर्ट का उपयोग करके कंप्यूटर से जोड़ा जा सकता है।

(ए) आरजे 45

(बी) यूएसबी

(सी) पीएस / 2

(डी) वीजीए
26. जॉयस्टिक को ______ पोर्ट का उपयोग करके कंप्यूटर से जोड़ा जा सकता है।
(ए) 3.5 मिमी जैक
(बी) आरजे11
(सी) आरजे 45
(डी) खेल
27. PS/2 का अर्थ ______ है।
(ए) पंजीकृत जैक 11
(बी) पंजीकृत जैक 45
(सी) व्यक्तिगतप्रणाली 2
(डी) अनुशंसित मानक 232
28. RJ11 _____ के लिए खड़ा है।
(ए) पंजीकृतजैक 11
(बी) पंजीकृत जैक 45
(सी) व्यक्तिगत प्रणाली 2
(डी) अनुशंसित मानक 232
29. RJ45 _____ के लिए खड़ा है।
(ए) पंजीकृत जैक 11
(बी) पंजीकृतजैक 45
(सी) व्यक्तिगत प्रणाली 2
(डी) अनुशंसित मानक
30. RS232 _____ के लिए खड़ा है।
(ए) पंजीकृत जैक 11
(बी) पंजीकृत जैक 45
(सी) व्यक्तिगत प्रणाली 2
(डी) अनुशंसितमानक 232
31. RJ45 पोर्ट को अन्यथा ______ कहा जाता है।
(ए) ईथरनेट
(बी) एलपीटी
(सी) यूएसबी
(डी) वीजीए
32. IEEE 1392 पोर्ट को अन्यथा ______ कहा जाता है
(ए) ईथरनेट
(बी) एलपीटी

(सी) यूएसबी

(डी) फायरवायर

33. एलपीटी का अर्थ ______ है।

(ए) पंजीकृत जैक 11

(बी) पंजीकृत जैक 45

(सी) लाइनप्रिंटरटर्मिनल

(डी) अनुशंसित मानक 232

34. यूएसबी का अर्थ _______ है।

(ए) पंजीकृत जैक 11

(बी) पंजीकृत जैक 45

(सी) लाइन प्रिंटर टर्मिनल

(डी) यूनिवर्सलसीरियलबस

35. पीसी के पोर्ट से हाई डेफिनिशन ग्राफिक्स आउटपुट लिया जा सकता है।

(ए) 3.5 मिमी जैक

(बी) एचडीएमआई

(सी) आरजे 45

(डी) एलपीटी

36. एचडीएमआई का अर्थ है

(ए) पंजीकृत जैक

(बी) हाईडेफिनिशनमल्टीमीडियाइंटरफेस

(सी) लाइन प्रिंटर टर्मिनल

(डी) यूनिवर्सल सीरियल बस

37. मुख्य रूप से हार्डकॉपी प्रदान करने के लिए उपयोग किया जाने वाला उपकरण है

ए) सीआरटी

बी) कंप्यूटर कंसोल

सी) प्रिंटर

घ) कार्ड रीडर

38. डॉट-मैट्रिक्स, डेस्कजेट, इंकजेट और लेजर सभी प्रकार के कंप्यूटर पेरिफेरल्स हैं?

ए) प्रिंटर

बी) सॉफ्टवेयर

ग) मॉनिटर्स

डी) कीबोर्ड

39. लेजर प्रिंटर का संबंध है

ए) लाइन प्रिंटर

बी) <u>पेजप्रिंटर</u>

सी) बैंड प्रिंटर

d) डॉट मैट्रिक्स प्रिंटर

40. जॉयस्टिक का प्रयोग मुख्यतः किसके लिए किया जाता है?

ए) स्क्रीन पर ध्वनि को नियंत्रित करें

बी) <u>कंप्यूटरगेमिंग</u>

सी) टेक्स्ट दर्ज करें

डी) चित्र बनाएं

41. यूएसबी संदर्भित करता है

ए) एक भंडारण

बी) एक प्रोसेसर

सी) <u>एकबंदरगाहप्रकार</u>

डी) एक सीरियल बस मानक

42. ___ को स्क्रीन या मॉनिटर भी कहा जा सकता है।

एक प्रिंटर

बी) स्कैनर

सी) हार्ड डिस्क

डी) <u>प्रदर्शन</u>

43. प्रिंटर की गति की गति से सीमित होती है

ए) कागज आंदोलन

बी) <u>कारतूसकाइस्तेमालकिया</u>

ग) कागज की लंबाई

घ) ये सभी

44. ओसीआर प्रकाश स्रोत की सहायता से पात्रों के ______ को पहचानता है।

ए) आकार

बी) <u>आकार</u>

सी) रंग

घ) प्रयुक्त स्याही

45. लेजर प्रिंटर से संबंधित है

ए) लाइन प्रिंटर

बी) <u>पेजप्रिंटर</u>

सी) बैंड प्रिंटर

d) डॉट मैट्रिक्स प्रिंटर

46. वीडियो गेम, फ्लाइट सिमुलेटर, प्रशिक्षण सिमुलेटर और औद्योगिक रोबोट को नियंत्रित करने के लिए उपयोग किया जाने वाला उपकरण।

एक माउस

बी) लाइट पेन

ग) जॉयस्टिक

डी) कीबोर्ड

47. स्वचालित टेलर मशीन या एटीएम जैसे अनासक्त इंटरैक्टिव सूचना प्रणाली को ______ कहा जाता है

ए) कियोस्क

बी) सिओक्स

c) सियांटो

d) किआक्सो

48. ______ पावर सर्ज को रोकने में मदद करता है।

ए) सर्जसप्रेसर

बी) स्पाइक रक्षक

ग) यूपीएस प्रणाली

डी) उच्च ग्रेड बहु-मीटर

49. यदि मेमोरी स्लॉट में 30 पिन हैं तो चिप है?

ए) डीआईएमएम

बी) SIMM

सी) एसडीआरएएम

घ) ये सभी

50. लेजर जेट प्रिंटर की गति को पेज प्रति मिनट (पीपीएम) में मापा जाता है, डॉट-मैट्रिक्स प्रिंटर को मापने के लिए हम किसका उपयोग करते हैं?

ए) लाइन प्रति इंच

बी) प्रति शीट लाइनें

सी) वर्ण प्रति इंच

d) वर्णप्रतिसेकंड

51. Macintosh को सफलतापूर्वक प्रिंट करने के लिए, सिस्टम फ़ोल्डर में निम्न शामिल होना चाहिए:

a) फाइल शेयरिंग सॉफ्टवेयर

बी) एक प्रिंटर एनबलर

ग) सेब गारमोंड फ़ॉन्ट सेट

d) एकप्रिंटरड्राइवर

52. लेजरप्रिंटर पर निवारक रखरखाव के दौरान किस घटक को वैक्यूम किया जाना चाहिए या प्रतिस्थापित किया जाना चाहिए?

ए) स्कैनिंग मिरर

बी) टोनर कार्ट्रिज

सी) ओजोनफिल्टर

घ) ये सभी

53. कौन सा उपकरण डीएमए चैनल का उपयोग करता है?

ए) मोडेम

बी) नेटवर्क कार्ड

ग) साउंडकार्ड

घ) ये सभी

54.एक मॉडेम को किस पोर्ट से जोड़ा जा सकता है?

ए) समानांतरबंदरगाह

बी) एएसवाईएनसी पोर्ट

सी) कीबोर्ड कनेक्टर

डी) वीडियो पोर्ट

55. कौन सा उपकरण बिजली की रुकावट को रोकता है, जिसके परिणामस्वरूप दूषित डेटा होता है?

a) बैटरीबैक-अपयूनिट

बी) सर्ज रक्षक

ग) एकाधिक SIMM स्ट्रिप्स

d) डेटा गार्ड सिस्टम

56. एससीएसआई को समाप्त किया जाना चाहिए?

ए) डुबकी स्विच

बी) प्रतिरोधी

सी) बीएनसी

घ) ये सभी

57. स्थैतिक बिजली से अपने पीसी को नुकसान पहुंचाने से रोकने का सबसे अच्छा तरीका क्या है?

ए) अपने पीसी को रबड़ की चटाई पर रखें

b) चमड़े के तलवे वाले जूते पहनें

सी) समय-समय पर अपने आप को डिस्चार्ज करने के लिए पीसी पर एक सुरक्षित ग्राउंड पॉइंट को स्पर्श करें

d) ESD कलाईकापट्टापहनें

58. दोषपूर्ण मॉनीटर का निवारण करते समय आप सबसे पहले क्या करेंगे?

एक) कंप्यूटरऔरपावरस्रोतसेइसकेकनेक्शनकीजाँचकरें

b) मॉनिटर को बंद कर दें, फिर इसे फिर से चालू करके देखें कि क्या इससे समस्या ठीक हो जाती है

सी) निरंतरता के लिए सीआरटी और आंतरिक सर्किटरी की जांच के लिए मीटर का प्रयोग करें

घ) इनमें से कोई नहीं

59. सीरियल और पैरेलल पोर्ट को चेक करने के लिए आपको क्या चाहिए?

ए) पोर्ट एडाप्टर

बी) तर्क जांच

ग) लूपबैकप्लग

घ) ये सभी

60. आपके पास बिना वीडियो वाला पीसी है* निम्न में से किसके कारण समस्या होने की संभावना सबसे कम है?

ए) दोषपूर्ण रैम (बैंक शून्य)

बी) दोषपूर्ण माइक्रोप्रोसेसर

सी) हार्डड्राइवदुर्घटनाग्रस्तहोगया

डी) ढीला वीडियो कार्ड

61. बूटअप के दौरान आपको CMOS चेकसम त्रुटि मिलती है। सबसे अधिक संभावना क्या कारण है?

क) बिजली की आपूर्ति खराब है

बी) BIOS को अद्यतन करने की आवश्यकता है

सी) सीएमओएसबैटरीजीवनकेअंतकेकरीबहै

घ) इनमें से कोई नहीं

62. Mylar-संरक्षित LCD स्क्रीन की सफाई के लिए आपको किसका उपयोग करना चाहिए?

a) अमोनिया विंडो क्लीनर

बी) गैर-अपघर्षकक्लीन्ज़र

ग) विरोधी स्थैतिक पोंछे

डी) अल्कोहल-गर्भवती पोंछे

63. एक निश्चित डिस्क त्रुटि का कारण क्या हो सकता है?

ए) नो-सीडी स्थापित

b) बैड राम

ग) धीमा प्रोसेसर

डी) <u>गलतसीएमओएससेटिंग्स</u>

64. USB और IEEE 1394 मानकों के बीच सबसे महत्वपूर्ण अंतर क्या है?

ए) <u>आईईईई 1394 तेजहै</u>

बी) यूएसबी का समर्थन नहीं करता

c) USB प्लग एंड प्ले है

डी) आईईईई 1394 अदला-बदली नहीं है

65. दो आंतरिक SCSI हार्ड डिस्क को कंप्यूटर से कनेक्ट करते समय, आप दूसरी हार्ड ड्राइव को कहाँ कनेक्ट करते हैं?

a) <u>कंप्यूटरपरकोईभीखुला SCSI पोर्ट</u>

b) पहले होस्ट एडॉप्टर पर एक सीरियल पोर्ट

c) कंप्यूटर पर एक खुला समानांतर पोर्ट

डी) पहली हार्ड ड्राइव पर एक खुला एससीएसआई पोर्ट

66. एक रिबन केबल को कनेक्टर से कनेक्ट करते समय, आप कैसे जानते हैं कि इसे किस दिशा में प्लग करना है?

a) केबल में लाल रेखा उच्चतम पिन नंबर पर जाती है

बी) <u>केबलमेंरंगीनरेखा # 1 . पिनकरनेकेलिएजातीहै</u>

ग) इससे कोई फर्क नहीं पड़ता

घ) इनमें से कोई नहीं

67. क्लाइंट साइट पर पूरी तरह से मृत कंप्यूटर का निदान करने में पहला कदम क्या है जो एक दिन पहले काम कर रहा था।

ए) बिजली की आपूर्ति का परीक्षण करें

बी) सीएमओएस बैटरी बदलें

सी) <u>एसीआउटलेटकीजांचकरें</u>

डी) हार्ड ड्राइव कंट्रोलर केबल को रीसेट करें

68. पीसी हार्ड कार्ड किस विनिर्देशन में शामिल हैं?

ए) एससीएसआई

बी) आईएसए

सी) <u>पीसीएमसीआईए</u>

घ) एमएफएम

69. कौन सा सामान्य बस विनिर्देश सबसे तेज़ डेटा अंतरण दर प्रदान करता है?

ए) वीएल बस

बी) आईएसए

सी) <u>पीसीआई</u>

घ) ये सभी

70. मोडेम ट्रांसमिशन का उपयोग करते हैं।

ए) तुल्यकालिक

बी) अतुल्यकालिक

सी) समय अंतराल

जानकारी

71. A 6xx निम्न में से किसी समस्या को इंगित करता है:

ए) फ्लॉपीड्राइव

बी) हार्ड ड्राइव

सी) कीबोर्ड

डी) सीडी रोम

72. डॉट मैट्रिक्स प्रिंटर पर निवारक रखरखाव के दौरान, लुब्रिकेट न करें:

ए) प्लेटिन असेंबली

बी) प्रिंट हेड पुली

सी) प्रिंटहेडपिन

डी) पेपर एडवांस गियर बुशिंग

73. नई हार्ड ड्राइव स्थापित करने के बाद आपको "अमान्य मीडिया डिवाइस" संदेश दिखाई देता है। इसके बाद क्या करेंगे?

ए) प्रारूप

बी) Fdisk

ग) विभाजन

डी) ओएस जोड़ें

74. ईथरनेट लैन पर एक वर्कस्टेशन अभी स्थापित किया गया है, लेकिन नेटवर्क के साथ संचार नहीं कर सकता है। आपको पहले क्या जांचना चाहिए?

ए) नेटवर्क प्रोटोकॉल को फिर से स्थापित करें

बी) नेटवर्क इंटरफेस कार्ड ड्राइवर को फिर से स्थापित करें

सी) वर्कस्टेशन पर आईपी कॉन्फ़िगरेशन सत्यापित करें

डी) कंप्यूटरनेटवर्ककार्डपरलिंककीस्थितिसत्यापितकरें

75. एक पीसी के प्रमुख घटकों में से एक सेंट्रल प्रोसेसिंग यूनिट (सीपीयू) है जिसे सबसे अच्छा रूप में वर्णित किया जा सकता है:

a) वह उपकरण जो मॉनिटर को यह बताते हुए संकेत भेजता है कि क्या प्रदर्शित करना है

बी) वह क्षेत्र जो सभी सिस्टम बिजली उपयोग को नियंत्रित करता है

ग) वह क्षेत्र जहां बेसिक इनपुट/आउटपुट रूटीन का भंडारण किया जाता है

डी) वहक्षेत्रजहांसभीप्रसंस्करणहोताहै

76. कौन सा मॉनिटर उच्चतम स्तर का प्रदर्शन प्रदान करेगा?

ए) वीजीए

बी) एक्सजीए

सी) सीजीए

घ) एसवीजीए

77. निम्नलिखित में से किस मद के लिए आपको EPA निपटान दिशानिर्देशों का पालन करने की आवश्यकता होगी?

कुंजीपटल

बी) सिस्टम बोर्ड

ग) बिजली की आपूर्ति

डी) बैटरी

78. एक हार्ड डिस्क को पटरियों में विभाजित किया जाता है जिन्हें आगे उप-विभाजित किया जाता है:

ए) क्लस्टर

बी) क्षेत्र

सी) वैक्टर

डी) सिर

79. डॉट-मैट्रिक्स प्रिंटर के साथ सबसे अधिक जुड़ी हुई पेपर फीडिंग तकनीक क्या है?

ए) शीट फीड

बी) ट्रैक्टरफ़ीड

ग) घर्षण फ़ीड

डी) मैनुअल फीड

80. सीआरटी का निर्वहन करने से पहले आपको कौन सा कदम उठाना चाहिए?

ए) सीआरटी को उसके आवास से हटा दें

b) CRT को कंप्यूटर से डिस्कनेक्ट करें

ग) वीडियो असेंबली निकालें

डी) बिजलीस्रोतकोहटानेसेपहलेबिजलीबंदकरें

81. एक संधारित्र को निम्नलिखित में से किस इकाई में मापा जाता है?

ए) वोल्ट

बी) ओहम्स

ग) फैराइस

डी) प्रतिरोध

82. डिस्प्ले काम कर रहा है या नहीं यह निर्धारित करने के लिए आप क्या कहेंगे?

a) क्या स्क्रीन पर कोई वीडियो कर्सर या क्रिया है?

बी) क्या कंप्यूटर बीप या झंकार?

ग) क्या स्क्रीन पर उच्च वोल्टेज स्थिर है

घ) येसभी

83. आपका सीडी-रोम ऑडियो केबल निम्न से कनेक्ट होता है:

वक्ता

बी) साउंडकार्ड (यामदरबोर्डअगरध्वनिइसकेसाथएकीकृतहै)

ग) बिजली की आपूर्ति

डी) हार्ड ड्राइव

84. एक पीसी कार्ड टाइप करें:

a) केवल डेस्कटॉप में उपयोग किया जाता है

बी) अब उत्पादन नहीं किया जा रहा है

c) पीसीकार्डोंमेंसबसेपतलेहैं

डी) मौजूद नहीं है

85. लेजर तकनीक में, स्थानांतरण चरण के दौरान क्या होता है? a) अवशिष्ट टोनर को अपशिष्ट पात्र में स्थानांतरित किया जाता है

बी) लेजर छवि को ड्रम से कागज पर स्थानांतरित करता है

ग) छविकोड्रमसेकागजपरस्थानांतरितकियाजाताहै

d) एक ऋणात्मक आवेश सतह पर ड्रम में स्थानांतरित हो जाता है

86. मान लीजिए कि पावर लैंप चालू है, लेकिन प्रिंटर प्रिंट नहीं करेगा। समस्या को ठीक करने के लिए आप क्या कर सकते हैं?

क) सुनिश्चितकरेंकिप्रिंटरलाइनपरहै

बी) एसी लाइन फ्यूज को बदलें

ग) प्रिंटर को चालू और बंद करें

घ) रिबन बदलें

87. Macintosh स्क्रीन पर बम के साथ एक डायलॉग बॉक्स दिखाई देता है। किस प्रकार की समस्या हुई है?

ए) एक रैम समस्या

बी) एक सॉफ्टवेयर समस्या

ग) एक रोम समस्या

घ) एक एडीबी समस्या

88. बिजली बाधित न हो, जिसके परिणामस्वरूप दूषित डेटा हो, यह सुनिश्चित करने के लिए आप क्या उपयोग कर सकते हैं?

ए) यूपीएस

बी) उचित ग्राउंडिंग

सी) सर्ज रक्षक

डी) साग रक्षक

89. आपके कंप्यूटर के पीछे एक 25-पिन महिला कनेक्टर आमतौर पर होगा:

ए) सीरियल पोर्ट 1

बी) एकसमानांतरबंदरगाह

ग) डॉकिंग

डी) COM2 पोर्ट

90. प्रिंटर ड्राइवर के लिए रजिस्ट्री विवरण को ठीक करने का अनुशंसित तरीका क्या है?

ए) स्पूल फ़ाइल हटाएं

b) regedit.exe चलाएँ और प्रिंटर के किसी भी संदर्भ को हटा दें

ग) sysedit.exe चलाएँ और प्रिंटर के किसी भी संदर्भ को हटा दें

डी) प्रिंटरड्राइवरकोहटादेंऔरइसेफिरसेस्थापितकरें

91. समस्या निवारण में एक महत्वपूर्ण पहला कदम लेजर प्रिंटर में कौन सा घटक जाम पैदा कर रहा है:

a) नोटकरेंकिपेपरपथमेंपेपरकहाँरुकताहै

बी) सभी वोल्टेज की जांच करें

ग) त्रुटि कोड देखें

d) प्रिंटर को बंद कर दें, फिर चालू करें

92. आरक्षित मेमोरी क्षेत्र का आकार क्या है?

ए) 64 केबी

बी) 384 केबी

सी) 640 केबी

घ) 1024 केबी

93. कंप्यूटर में धूल वास्तव में उसके अंदर चुंबकीय क्षेत्र के आकार को बढ़ा देती है। यह अच्छा नहीं है, इसलिए आपको कभी-कभार धूल फांकना चाहिए, मुझे विश्वास है। ऐसा करने का सबसे अच्छा तरीका क्या है?

ए) रिजर्ववैक्यूम

बी) कोई भी छोटा वैक्यूम डिवाइस

ग) सिस्टम बोर्ड पर असली जोर से फूंक मारें

डी) संपीड़ितहवाकाउपयोगकरसकतेहैं

94. एक समता त्रुटि आमतौर पर एक समस्या का संकेत देती है:

ए) मेमोरी

बी) हार्ड ड्राइव

सी) हार्ड ड्राइव नियंत्रक

डी) आई / ओ नियंत्रक

95. मॉनिटर पावर एलईडी चालू है? लेकिन मॉनिटर स्क्रीन पूरी तरह से डार्क है। समस्या का कम से कम संभावित कारण है:

ए) कंप्यूटर वीडियो सर्किटरी में दोष

बी) डिस्कनेक्टेड वीडियो केबल

ग) दोषपूर्ण मॉनिटर

डी) सिस्टमरैमसमस्या

96. आम इंक जेट प्रिंटर में स्याही को कागज में कैसे स्थानांतरित किया जाता है?

क) उबलती स्याही

बी) क्रिस्टल

ग) मोटर चालित पंप

d) कागज पर स्याही का छिड़काव किया जाता है और एक नोजल द्वारा प्रबंधित किया जाता है

97. इंकजेट प्रिंटर में पेपर ट्रे के साथ सबसे आम समस्या क्या है?

क) असंगत मुद्रण

बी) खराबपिकअपरोलर्स

ग) शीट फीडर का गलत संरेखण

डी) स्याही कारतूस पर पेपर जैमिंग

98. एक ग्राहक कॉल करता है और कहता है कि उसका कंप्यूटर बूट नहीं हो रहा है, वह शोर सुन सकती है और बॉक्स पर रोशनी देख सकती है, लेकिन स्क्रीन पर कुछ भी नहीं आता है, समस्या को ठीक करने के लिए आपको साइट पर क्या ले जाना चाहिए?

ए) हार्ड ड्राइव

बी) वीडियोकार्ड

सी) पावर केबल

डी) बिजली की आपूर्ति

99. डॉट मैट्रिक्स प्रिंटर पर पैची, फीकी, असमान या इंटरमिटेंट प्रिंट को कौन सी क्रिया ठीक करेगी?

क) रिबनकोबदलना

बी) टाइमिंग बेल्ट को बदलना

ग) कागज फ़ीड तनाव को समायोजित करना

d) ट्रैक्टर फीड रैन्शन को एडजस्ट करना

100. हर वीडियो कार्ड में होना चाहिए?

ए) सीएमओएस

बी) राम

सी) सीपीयू

घ) ये सभी

101. जो खंडित हार्ड ड्राइव का सबसे अच्छा वर्णन करता है:

क) थाली खराब हैं

b) डेटा फ़ाइलें दूषित हैं

c) डेटा के क्लस्टर क्षतिग्रस्त हैं

d) फ़ाइलेंलगातारक्लस्टरमेंसंग्रहीतनहींहोतीहैं

102. एक लेजर प्रिंटर पूरी तरह से काला पृष्ठ उत्पन्न करता है, इसका क्या कारण है?

ए) खराब इमेजिंग लेजर

बी) टोनर कार्ट्रिज में निम्न स्तर

c) कोरोना को स्थानांतरित करने की कोई शक्ति नहीं

d) प्राथमिककोरोनाकोकोईशक्तिनहीं

103. आपको अपने कार्यालय में लेजर प्रिंटर की सेवा अवश्य करनी चाहिए। प्रिंटर के किस भाग को छूने से बचना चाहिए क्योंकि वह गर्म है?

ए) फ्यूज़र

बी) प्रिंटर हेड

सी) प्राथमिक कोरोना

डी) उच्च वोल्टेज बिजली की आपूर्ति

104. सामान्य पीसी बूट प्रक्रिया के दौरान, निम्न में से कौन पहले सक्रिय होता है?

ए) रैम BIOS

बी) सीएमओएस

सी) रॉम BIOS

d) हार्ड डिस्क की जानकारी

105. किस डिवाइस को एक मानक अप में प्लग नहीं करना चाहिए?

एक मॉनिटर

बी) लेजरप्रिंटर

c) इंक-जेट प्रिंटर

डी) एक बाहरी मॉडेम

106. क्या आपको प्रिंटर के दोनों ओर प्रिंट करने की अनुमति देता है?

ए) फ्यूज़र

बी) डुप्लेक्सर

ग) टोनर कार्ट्रिज

डी) पेपर-स्वैपिंग यूनिट

107. कौन सा आमतौर पर एक फील्ड रिप्लेसेबल यूनिट नहीं है?

ए) सिस्टम रोम

बी) बिजली की आपूर्ति

सी) सिस्टमचेसिस

डी) वीडियो नियंत्रक

108. पर्यावरण की दृष्टि से पुनर्चक्रण का सबसे आसान घटक कौन सा है?

ए) मदरबोर्ड

बी) सीएमओएस बैटरी

ग) टोनरकार्ट्रिज

डी) कैथोड रे ट्यूब

109. यदि प्रिंटर केबल को पावर केबल के पास रखा जाए तो क्या समस्या हो सकती है?

ए) ईएसडी इलेक्ट्रोस्टैटिक डिस्चार्ज

बी) ईएमआईविद्युतचुम्बकीयहस्तक्षेप

सी) समता त्रुटि

डी) कोई प्रभाव नहीं

110. बिजली के तूफान के दौरान आप पीसी को पूरी तरह से नुकसान से कैसे बचा सकते हैं?

ए) एसीपावरकेबलकोडिस्कनेक्टकरें

बी) सभी बाहरी केबल और पावर कॉर्ड को डिस्कनेक्ट करें

सी) एक वृद्धि रक्षक का प्रयोग करें

डी) एसी पावर बंद करें

111. सभी ऑपरेटिंग सिस्टम अपनी कुल मेमोरी को इनिशियलाइज़ करते हैं? ए) सीपीयू

बी) BIOS

सी) रोम

डी) राम

112. फ़्यूज़िंग प्रक्रिया के दौरान, टोनर है:

ए) कागज में दबाया हुआ सूखा

b) विद्युत रूप से कागज से बंधा हुआ

ग) कागज में पिघल गया

डी) कागजपरउच्चदबावछिड़काव

113. लेजर प्रिंटर की सेवा के बाद, आप गंदे प्रिंट को देखते हैं। निम्नलिखित में से कौन समस्या को ठीक करेगा?

ए) डेवलपर टैंक को साफ करें

बी) प्रिंटर रीसेट करें

ग) कईखालीपृष्ठचलाएँ

डी) लेजर डायोड को साफ करें

114. बूट प्रक्रिया के दौरान, सिस्टम सबसे पहले मेमोरी को कहां से गिनता है?

ए) विस्तार मेमोरी बोर्ड

बी) वीडियो एडेप्टर

सी) सिस्टमबोर्ड

डी) कैश

115. आपके पास एक प्रणाली है जो समय-समय पर लॉक हो जाती है। आपने सॉफ़्टवेयर से इंकार कर दिया है, और अब संदेह है कि यह हार्डवेयर है। आपको सबसे पहले क्या करना चाहिए जो आपको गलती से घटक को कम करने में मदद कर सके?

ए) रैम को घुमाएं

बी) रैम को बदलें

ग) स्तर 2 कैश SIMM को बदलें

d) CMOS में CPU कैशकोअक्षमकरें

116. आपके हार्ड ड्राइव डेटा को सुरक्षित रखने का सबसे अच्छा तरीका क्या है?

ए) नियमितबैकअप

बी) समय-समय पर इसे डीफ़्रैग्मेन्ट करें

ग) सप्ताह में कम से कम एक बार रनचडस्क

घ) एक नियमित निदान चलाएं

117. कंप्यूटर पर स्लॉट कवर गुम होने का कारण क्या हो सकता है?

ए) गर्मीसेअधिक

बी) पावर सर्ज

सी) ईएमआई

d) ESD के लिए अधूरा रास्ता

118. लेजर प्रिंटर तकनीक में, कंडीशनिंग चरण के दौरान क्या होता है?

a) कोरोना तार कागज पर एकसमान धनावेश रखता है

b) प्रकाशसंवेदीड्रमपरएकसमानऋणात्मकआवेशलगायाजाताहै

सी) टोनर पर एक समान नकारात्मक चार्ज लगाया जाता है

घ) ये सभी

119. कीबोर्ड पर कीज को साफ करने के लिए किस उत्पाद का उपयोग किया जाता है?

ए) टीएमसी विलायक

बी) सिलिकॉन स्प्रे

ग) विकृत शराब

d) सर्व-उद्देश्यीयक्लीनर

120. कौन सा परिधीय बंदरगाह लेजर प्रिंटर को सबसे तेज़ प्रदान करता है?

ए) आरएस -232

बी) एससीएसआई

सी) समानांतर

डी) सीरियल

121. आपका ग्राहक आपको बताता है कि उनके डॉट मैट्रिक्स प्रिंटर की प्रिंट गुणवत्ता हल्की और गहरी है। निम्नलिखित में से कौन समस्या का कारण बन सकता है।

क) कागज की फिसलन

बी) अनुचितरिबनउन्नति

ग) कागज की मोटाई

डी) सिर की स्थिति

122. I/O कार्ड I पर 34-पिन कनेक्शन के लिए?

ए) फ्लॉपीड्राइव

बी) एससीएसआई ड्राइव

सी) आईडीई ड्राइव

डी) ज़िप ड्राइव

123. शब्द "लाल किताब", "पीली किताब" और "नारंगी किताब" का संदर्भ है:

ए) एससीएसआई

बी) आईडीई

ग) फ्लॉपी ड्राइव तकनीक

डी) सीडी-रोममानक

124. कौन से बीप कोड सिस्टम बोर्ड या बिजली आपूर्ति की विफलता का संकेत दे सकते हैं?

ए) स्थिर लघु बीप

बी) कोई बीप नहीं

सी) एक लंबी निरंतर बीप टोन

घ) येसभी

125. लेजर प्रिंटर का कौन सा भाग सूर्य के प्रकाश के संपर्क में नहीं आना चाहिए?

a) ट्रांसफर कोरोना असेंबली

बी) पीसीड्रम

ग) प्राथमिक कोरोना तार

d) टोनर कार्ट्रिज

126. इंकजेट प्रौद्योगिकी में स्याही की बूंदों को किसके द्वारा विक्षेपित किया जाता है?

क) बहुदिशात्मकनलिका

बी) इलेक्ट्रॉनिक रूप से प्लेट चार्ज करता है

सी) उच्च दबाव प्लेट

डी) इलेक्ट्रो स्थैतिक अवशोषण

127. कौन बड़ी वीडियो फ़ाइलों तक सबसे तेज़ पहुँच प्रदान करता है?

ए) ऑप्टिकल ड्राइव

बी) आईडीई हार्ड ड्राइव

सी) एससीएसआईहार्डड्राइव

डी) ईआईडीई हार्ड ड्राइव

128. आपके कंप्यूटर के पीछे एक 25-पिन महिला कनेक्टर आमतौर पर होगा:

ए) सीरियल पोर्ट 1

बी) एकसमानांतरबंदरगाह

ग) डॉकिंग

डी) COM2 पोर्ट

129. पीसी की तरफ, प्रिंटर पोर्ट है:

ए) 25 पिन महिला सीरियल कनेक्टर

बी) 15 पिन महिला समानांतर कनेक्टर

सी) 25 पिन पुरुष सीरियल कनेक्टर

डी) 25 पिनमहिलासमानांतरकनेक्टर

130. आप विंडोज 95 में एक एप्लिकेशन इंस्टॉल कर रहे हैं, और कंप्यूटर क्रैश हो जाता है, आप क्या करते हैं?

a) Alt + Ctrl + Delete दबाएं, दो बार

बी) Alt + Ctrl + हटाएं दबाएं, और कार्य समाप्त करें

c) कंप्यूटर पर रीसेट बटन दबाएं

डी) कंप्यूटरबंदकरेंऔरफ्लॉपीडिस्कसेबूटकरें

131. RS-232 एक मानक है जो इस पर लागू होता है:

ए) सीरियलपोर्ट

बी) समानांतर बंदरगाह

सी) गेम पोर्ट

डी) नेटवर्क

132. आपने अभी एक नया IDE हार्ड ड्राइव स्थापित किया है, लेकिन आपका सिस्टम BIOS नई ड्राइव को नहीं पहचान पाएगा, आपको पहले क्या जांचना चाहिए।

ए) केबल अनुक्रम

बी) हार्डड्राइवपरजंपर्स

ग) ड्राइवर जिन्हें लोड करने की आवश्यकता है

डी) हार्ड ड्राइव निर्माता वेब साइट की जानकारी

133. कंप्यूटर के सभी भौतिक घटकों को सामूहिक रूप से कहा जाता है।

(ए) सॉफ्टवेयर

(बी) हार्डवेयर

(सी) मैलवेयर

(डी) जंकवेयर

134. हार्डवेयर _____ को छुआ जाए।

(ए) नहीं कर सकता

(बी) करसकतेहैं

(सी) मई

(डी) होगा

135. हार्डवेयर _____ काम करने के लिए विद्युत शक्ति।

(ए) खपत

(बी) उपभोग नहीं करता

(सी) उत्पन्न करता है (डी) बनाता है

136. हार्डवेयर _____ स्थान।

(ए) कब्जा नहीं करता है

(बी) कब्जा

(सी) की आवश्यकता नहीं है

(डी) की जरूरत नहीं है

औद्योगिक प्रशिक्षण संस्थान

मासिक टेस्ट-1, अंक- 20, दिनांक:- ________________

(प्रत्येक प्रश्न दो अंक का होता है)

5] तीसरी पीढ़ी के कंप्यूटर _______ पर आधारित थे

(ए) आईसी

(बी) वैक्यूम ट्यूब

(सी) ट्रांजिस्टर

(डी) उपरोक्त में से कोई नहीं

6] ईडीएसएसी में, _____ माइक्रो . में एक अतिरिक्त ऑपरेशन पूरा किया गया था सेकंड]

(ए) 4000

(बी) 3000

(सी) 2000

(डी) 1500

7] ULSI का अर्थ ________ है
(ए) अल्ट्रा लार्ज स्केल इंटीग्रेशन
(बी) परम बड़े पैमाने पर एकीकरण
(सी) ऊपरी बड़े पैमाने पर एकीकरण
(डी) अल्ट्रा लार्ज स्क्रिप्ट इंटीग्रेशन
8] निम्नलिखित में से कौन चौथी पीढ़ी का कंप्यूटर है?
(ए) इंटेल 4004
(बी) आईबीएम 360
(सी) आईबीएम 1401
(डी) उपरोक्त में से कोई नहीं
9] आईसी _________ से बना है
(ए) माइक्रोप्रोसेसर
(बी) वैक्यूम ट्यूब
(सी) ट्रांजिस्टर
(डी) उपरोक्त में से कोई नहीं
10] आधुनिक कंप्यूटर के जनक______
(ए) चार्ल्स बैबेज
(बी) एलन ट्यूरिंग
(सी) टेड हॉफ
(डी) उपरोक्त में से कोई नहीं
1] एक हाइब्रिड कंप्यूटर वह है जिसमें ________ के संयुक्त गुण होते हैं
(ए) माइक्रो और मिनी कंप्यूटर
(बी) मिनी और सुपर कंप्यूटर
(सी) मेनफ्रेम और सुपर कंप्यूटर
(डी) एनालॉग और डिजिटल कंप्यूटर
2] निम्नलिखित में से कौन हैंडहेल्ड ऑपरेटिंग सिस्टम का उपयोग करता है?
(ए) सुपर कंप्यूटर
(बी) लैपटॉप
(सी) मेनफ्रेम
(डी) पीडीए
3] एक _______ टर्मिनल छवियों के साथ-साथ टेक्स्ट भी प्रदर्शित कर सकता है]
(पाठ
(बी) डंबो
(सी) ग्राफिकल

(डी) उपरोक्त में से कोई नहीं

4] माइक्रो कंप्यूटर की शब्द लंबाई ________ के बीच की सीमा में होती है

(ए) 8 और 16 बिट्स

(बी) 8 और 21 बिट्स

(सी) 8 और 24 बिट्स

(डी) 8 और 32 बिट्स

औद्योगिक प्रशिक्षण संस्थान

मासिक टेस्ट -2, अंक- 20, तिथि:- ______________

(प्रत्येक प्रश्न दो अंक का होता है)

5] सबसे तेज और सबसे महंगे कंप्यूटर ______ हैं

(ए) सुपर कंप्यूटर

(बी) क्वांटम कंप्यूटर

(सी) मेनफ्रेम कंप्यूटर

(डी) माइक्रो कंप्यूटर

6] निम्न में से कौन सबसे छोटा और सबसे तेज कंप्यूटर है

काम कर रहे दिमाग की नकल?

(ए) सुपर कंप्यूटर

(बी) क्वांटम कंप्यूटर

(सी) मेनफ्रेम कंप्यूटर

(डी) पीडीए

7] एक _____ टर्मिनल डेटा को प्रोसेस या स्टोर नहीं करता है]

(ए) डंबो

(बी) बुद्धिमान

(सी) दोनों (ए) और (बी)

(डी) उपरोक्त में से कोई नहीं

8] उपयोगकर्ता आम तौर पर मेनफ्रेम तक पहुंचने के लिए __________ का उपयोग करता है या

सुपर कंप्यूटर?

(ए) नोड

(बी) टर्मिनल

(सी) डेस्कटॉप

(डी) उपरोक्त में से कोई नहीं

9] डेस्कटॉप और पर्सनल कंप्यूटर को _______ के रूप में भी जाना जाता है

(ए) सुपर कंप्यूटर

(बी) क्वांटम कंप्यूटर

(सी) मेनफ्रेम कंप्यूटर

(डी) माइक्रो कंप्यूटर

10] ग्राफिकल टर्मिनलों को दो प्रकारों में बांटा गया है] वे ______ हैं

(ए) पाठ और गूंगा

(बी) गूंगा और बुद्धिमान

(सी) वेक्टर मोड और रास्टर मोड

(डी) उपरोक्त में से कोई नहीं

1] आर्टिफिशियल इंटेलिजेंस (एआई) के लिए किस भाषा का उपयोग किया जाता है?

(ए) फोरट्रान

(बी) कोबोल

(सी) सी

(डी) प्रस्तावना

2] "आर्टिफिशियल इंटेलिजेंस" शब्द किसने गढ़ा?

(ए) चार्ल्स बैबेज

(बी) एलन ट्यूनिंग

(सी) वॉन न्यूमैन

(डी) जॉन मैककार्थी

3] __________ जैविक तंत्रिका नेटवर्क की संरचना पर आधारित एक कम्प्यूटेशनल मॉडल है?

(ए) कृत्रिम तंत्रिका नेटवर्क (एएनएन)

(बी) जैविक नेटवर्क

(सी) दोनों (ए) और (बी)

(डी) उपरोक्त में से कोई नहीं

4] एक तंत्रिका नेटवर्क जिसमें सिग्नल केवल एक दिशा में गुजरता है उसे ______ कहा जाता है

(ए) फीड फॉरवर्ड न्यूरल नेटवर्क

(बी) आवर्तक तंत्रिका नेटवर्क

(सी) दोनों (ए) और (बी)

(डी) उपरोक्त में से कोई नहीं

औद्योगिक प्रशिक्षण संस्थान

मासिक टेस्ट-3, अंक- 20, दिनांकः- ____________________

(प्रत्येक प्रश्न दो अंक का होता है)

5] __________ एक कृत्रिम तंत्रिका नेटवर्क है जिसमें इनपुट और आउटपुट परतों के बीच कई छिपी हुई परतें होती हैं?

(ए) डीप न्यूरल नेटवर्क

(बी) उथला तंत्रिका नेटवर्क

(सी) दोनों (ए) और (बी)

(डी) उपरोक्त में से कोई नहीं

6] सबसे प्रसिद्ध आवर्तक तंत्रिका नेटवर्क ________ है

(ए) परसेप्ट्रोन

(बी) रेडियल आधार नेटवर्क

(सी) हॉपफील्ड नेट

(डी) उपरोक्त में से कोई नहीं

7] कौन सा तंत्रिका नेटवर्क फीडबैक सिग्नल की अनुमति देता है?

(ए) फीड फॉरवर्ड न्यूरल नेटवर्क

(बी) आवर्तक तंत्रिका नेटवर्क

(सी) दोनों (ए) और (बी)

(डी) उपरोक्त में से कोई नहीं

8] निम्नलिखित में से कौन न्यूरल नेटवर्क का अनुप्रयोग है/हैं?

(ए) पैटर्न मान्यता

(बी) मोबाइल कंप्यूटिंग

(सी) भाषण पढ़ना (होंठ पढ़ना)

(D। उपरोक्त सभी

9] लेयर्ड फीड फॉरवर्ड न्यूरल नेटवर्क में किस एल्गोरिथम का उपयोग किया जाता है?

(ए) वापस प्रसार एल्गोरिथ्म

(बी) बाइनरी सर्च

(सी) दोनों (ए) और (बी)

(डी) उपरोक्त में से कोई नहीं

10] रेडियल बेसिस फंक्शन (आरबीएफ) नेटवर्क में ______ परतें होती हैं]

(एक

(बी) चार

(सी) दो

(डी) तीन

1] कंप्यूटर में प्रयुक्त होने वाली चिप __________ से बनी होती है

(ए) सिलिकॉन

(बी) आयरन ऑक्साइड

(सी) क्रोमियम

(डी) उपरोक्त में से कोई नहीं

2] चौथी पीढ़ी के कंप्यूटर ________ पर आधारित थे

(ए) आईसी

(बी) वैक्यूम ट्यूब

(सी) ट्रांजिस्टर

(डी) माइक्रोप्रोसेसर

3] विकसित पहली कंप्यूटर भाषा _______ थी

(ए) कोबोली

(बी) पास्कल

(सी) बेसिक

(डी) फोरट्रान

4] पहला कैलकुलेटर जो सभी चार अंकगणितीय संचालन (जोड़, घटाव, गुणा, भाग) कर सकता था, था

जाना जाता है_______

(ए) पास्कलीन

(बी) स्लाइड नियम

(सी) स्टेप रेकनर

(डी) उपरोक्त में से कोई नहीं

औद्योगिक प्रशिक्षण संस्थान

मासिक टेस्ट -4, अंक- 20, दिनांक:- _______________

(प्रत्येक प्रश्न दो अंक का होता है)

5] पहला कंप्यूटर स्प्रेडशीट प्रोग्राम __________ था

(ए) कमल 1-2-3

(बी) एमएस एक्सेल

(सी) VisiCalc

(डी) उपरोक्त में से कोई नहीं

6] निम्नलिखित में से कौन चौथी पीढ़ी की भाषा (4GL) के लिए एक उदाहरण है?

(ए) कोबोली

(बी) पावरबिल्डर

(सी) फोरट्रान

(डी) उपरोक्त में से कोई नहीं

1] एक संचार प्रणाली जो कंप्यूटर के अंदर या कंप्यूटर के बीच के घटकों के बीच डेटा स्थानांतरित करती है, ________ कहलाती है

ए] पोर्ट

बी] बस

सी] रजिस्टर

डी] उपरोक्त में से कोई नहीं

2] कौन सी बस कंप्यूटर के सभी आंतरिक घटकों जैसे सीपीयू और मेमोरी को मुख्य बोर्ड (मदरबोर्ड) से जोड़ती है?

ए] विस्तार बस

बी] बाहरी बस

सी] आंतरिक बस

डी] उपरोक्त में से कोई नहीं

3] कंप्यूटर को पेरिफेरल डिवाइस से जोड़ने वाली बस को ________ कहा जाता है

ए] सिस्टम बस

बी] मेमोरी बस

सी] फ्रंट-साइड बस

डी] बाहरी बस

4] बाहरी बस को __________ भी कहा जाता है

ए] सिस्टम बस

बी] मेमोरी बस

सी] फ्रंट-साइड बस

डी] विस्तार बस

5] मेमोरी या I/O डिवाइस को एक्सेस करने का कमांड _______ द्वारा किया जाता है

ए] पता बस

बी] डेटा बस

सी] नियंत्रण बस

डी] उपरोक्त में से कोई नहीं

6] एक कंप्यूटर बस जिसका उपयोग भौतिक पता निर्दिष्ट करने के लिए किया जाता है?

ए] पता बस

बी] डेटा बस

सी] नियंत्रण बस

डी] उपरोक्त में से कोई नहीं

7] एक बस जो एक कंपोनेंट से दूसरे कंपोनेंट में या कंप्यूटर के बीच डेटा ट्रांसफर करती है, __________ कहलाती है

ए] पता बस

बी] डेटा बस
सी] नियंत्रण बस
डी] उपरोक्त में से कोई नहीं
8] आरआईएससी ________ के लिए खड़ा है
ए] रिवर्स इंस्ट्रक्शन सेट कंप्यूटर
बी] रिवर्स सूचना सेट कंप्यूटर
सी] कम सूचना सेट कंप्यूटर
डी] कम निर्देश सेट कंप्यूटर

औद्योगिक प्रशिक्षण संस्थान
मासिक टेस्ट -5, अंक- 20, तिथि:- ____________
(प्रत्येक प्रश्न दो अंक का होता है)

9] ________ के अल्पकालिक, मध्यवर्ती भंडारण के लिए एक रजिस्टर है कंप्यूटर के सीपीयू में अंकगणित और तर्क डेटा]
ए] संचायक
बी] बस
सी] बफर
डी] उपरोक्त में से कोई नहीं
10] ________ सीपीयू के लिए मशीनी भाषा में कमांड का एक समूह है]
ए] सूचना सेट
बी] निर्देश सेट
सी] बफर
डी] उपरोक्त में से कोई नहीं
1] वॉन न्यूमैन आर्किटेक्चर एक _______ है
ए] एकाधिक निर्देश एकाधिक डेटा (एमआईएमडी)
बी] सिंगल इंस्ट्रक्शन मल्टीपल डेटा (सिम)
सी] एकाधिक निर्देश एकल डेटा (एमआईएसडी)
डी] एकल निर्देश एकल डेटा (एसआईएसडी)
2] प्रोग्रामिंग जो वास्तव में कंप्यूटर के भीतर सिग्नल या डेटा के पथ को नियंत्रित करती है, ________ कहलाती है
ए] असेंबली भाषा प्रोग्रामिंग
बी] मशीनी भाषा प्रोग्रामिंग
सी] माइक्रो प्रोग्रामिंग
डी] उपरोक्त में से कोई नहीं
3] सीआईएससी ________ के लिए खड़ा है

ए] कंपाउंड इंस्ट्रक्शन सेट कंप्यूटर

बी] जटिल सूचना सेट कंप्यूटर

सी] कंपाउंड सूचना सेट कंप्यूटर

डी] जटिल निर्देश सेट कंप्यूटर

4] जिस रजिस्टर में उस स्थान का पता होता है जहां से डेटा स्थानांतरित किया जाना है उसे ________ के रूप में जाना जाता है

ए] निर्देश रजिस्टर

बी] नियंत्रण रजिस्टर

सी] मेमोरी एड्रेस रजिस्टर

डी] उपरोक्त में से कोई नहीं

5] काउंटर द्वारा किसी व्यवधान को अस्थायी रूप से अनदेखा किया जा सकता है, ________ कहलाता है

ए] मास्केबल इंटरप्ट

बी] नॉन-मास्केबल इंटरप्ट

सी] वेक्टरेड इंटरप्ट

डी] उपरोक्त में से कोई नहीं

6] कंप्यूटर अपने ________ के अंदर सभी गणितीय और तार्किक संचालन करता है

ए] विज़ुअल डिस्प्ले यूनिट

बी] मेमोरी यूनिट

सी] आउटपुट यूनिट

डी] सेंट्रल प्रोसेसिंग यूनिट

7] निम्न में से किस इकाई का उपयोग गति मापने के लिए किया जा सकता है
एक कंप्यूटर का?

ए] बौडी

बी] एसवाईपीएस

सी] एमआईपीएस

डी] उपरोक्त में से कोई नहीं

8] एक बिट डेटा को स्टोर करने के लिए उपयोग किए जाने वाले सर्किट को ______ के रूप में जाना जाता है

ए] एनकोडर

बी] ओआर

सी] फ्लिप फ्लॉप

डी] उपरोक्त में से कोई नहीं

मासिक टेस्ट -6, अंक- 20, तिथि:- ______________

(प्रत्येक प्रश्न दो अंक का होता है)

9] नियंत्रण इकाई नियंत्रण उत्पन्न करके अन्य इकाइयों को नियंत्रित करती है और ________

ए] कमांड सिग्नल

बी] समय संकेत

सी] ट्रांसफर सिग्नल

डी] उपरोक्त में से कोई नहीं

10] निम्न में से किस बस संरचना का उपयोग आमतौर पर I/O उपकरणों को जोड़ने के लिए किया जाता है?

ए] सिंगल बस

बी] एकाधिक बस

सी] स्टार बस

डी] उपरोक्त में से कोई नहीं

1] एक इंटरफ़ेस जो मेमोरी यूनिट और पेरिफेरल को सीधे डेटा का I/O ट्रांसफर प्रदान करता है, उसे _________ कहा जाता है

एक जोड़ना

बी] सीरियल इंटरफ़ेस

सी] डायरेक्ट मेमोरी एक्सेस (डीएमए)

डी] उपरोक्त में से कोई नहीं

2] एक बुनियादी निर्देश जिसे कंप्यूटर द्वारा व्याख्यायित किया जा सकता है, आमतौर पर _________ होता है

ए] एक ऑपरेंड और एक पता

बी] डिकोडर और एक संचयक

सी] अनुक्रम रजिस्टर और डिकोडर

डी] उपरोक्त में से कोई नहीं

3] लोड इंस्ट्रक्शन का उपयोग ज्यादातर मेमोरी से प्रोसेसर रजिस्टर में ट्रांसफर को निर्दिष्ट करने के लिए किया जाता है जिसे __________ के रूप में जाना जाता है

ए] संचायक

बी] निर्देश रजिस्टर

सी] प्रोग्राम काउंटर

डी] मेमोरी एड्रेस रजिस्टर

4] माइक्रो कंप्यूटर में घटकों के बीच संचार पते के माध्यम से होता है और _______

ए] आई/ओ बस

बी] डेटा बस

सी] पता बस

डी] उपरोक्त में से कोई नहीं

5] रजिस्टरों में संग्रहीत डेटा पर निष्पादित ऑपरेशन को ________ कहा जाता है

ए] मैक्रो-ऑपरेशन

बी] माइक्रो-ऑपरेशन

सी] बिट-ऑपरेशन

डी] उपरोक्त में से कोई नहीं

6] कौन सा रजिस्टर मेमोरी में संग्रहीत प्रोग्राम में निर्देशों का ट्रैक रखता है?

ए] पता रजिस्टर

बी] सूचकांक रजिस्टर

सी] प्रोग्राम काउंटर

डी] उपरोक्त में से कोई नहीं

7] किस एड्रेसिंग मोड में ऑपरेंड को निर्देश में स्पष्ट रूप से दिया गया है?

ए] निरपेक्ष

बी] तत्काल

सी] अप्रत्यक्ष

डी] प्रत्यक्ष

8] जब आवश्यक हो, परिणाम ________ द्वारा सीपीयू से मुख्य मेमोरी में स्थानांतरित कर दिए जाते हैं

ए] आई/ओ डिवाइस]

बी] सीपीयू]

सी] शिफ्ट रजिस्टर]

डी] उपरोक्त में से कोई नहीं]

औद्योगिक प्रशिक्षण संस्थान

मासिक टेस्ट-7, अंक- 20, दिनांकः- ____________________

(प्रत्येक प्रश्न दो अंक का होता है)

9] बिट्स का एक समूह जो कंप्यूटर को एक विशिष्ट ऑपरेशन करने के लिए कहता है, ________ के रूप में जाना जाता है

ए] निर्देश कोड

बी] माइक्रो-ऑपरेशन

सी] संचायक

डी] रजिस्टर

10] मेमोरी में स्टोरेज लोकेशन तक पहुंचने और उसकी सामग्री प्राप्त करने के लिए आवश्यक औसत समय को ______ कहा जाता है]

ए] विलंबता समय]

बी] पहुंच समय]

सी] टर्नअराउंड समय]

डी] प्रतिक्रिया समय]

1] इन-डायरेक्शन पॉइंटर्स का उपयोग करने वाला एड्रेसिंग मोड _______ है

ए] ऑफसेट एड्रेसिंग मोड

बी] रिलेटिव एड्रेसिंग मोड

सी] अप्रत्यक्ष एड्रेसिंग मोड

डी] उपरोक्त में से कोई नहीं

2] निर्देशों के निष्पादन के सामान्य अनुक्रम को बदलने के लिए कौन सा एड्रेसिंग मोड सबसे उपयुक्त है?

ए] तत्काल

बी] अप्रत्यक्ष

सी] रिश्तेदार

डी] उपरोक्त में से कोई नहीं

8] कौन सा इनपुट डिवाइस उल्टा माउस जैसा दिखता है?

ए] ट्रैकबॉल

बी] पॉइंटिंग स्टिक

सी] ट्रैक पैड

डी] टच पैड

9] बार-कोड पाठक _______ पढ़ने के लिए प्रकाश का उपयोग करते हैं

ए] यूपीसी

बी] यूपीएस

सी] पीओएस

डी] ऑप्टिकल निशान

10] मॉनिटर का डिस्प्ले साइज __________ मापा जाता है

ए] तिरछे]

बी] क्षैतिज रूप से]

सी] लंबवत]

डी] उपरोक्त में से कोई नहीं

1] प्रोसेसिंग यूनिट से डेटा प्राप्त करने वाले कंप्यूटर या सिस्टम पेरिफेरल्स को ____________ कहा जाता है

ए] इनपुट डिवाइस
बी] आउटपुट डिवाइस
सी] दोनों (ए) और (बी)
डी] उपरोक्त में से कोई नहीं
2] एक डिस्प्ले स्क्रीन जिसमें टेक्स्ट एक रंग में प्रस्तुत किया जाता है और किसी अन्य रंग की पृष्ठभूमि को _________ कहा जाता है
ए] मोनोक्रोम स्क्रीन
बी] उच्च संकल्प स्क्रीन
सी] कम रिज़ॉल्यूशन स्क्रीन
डी] मध्यम संकल्प स्क्रीन
3] एलईडी __________ के लिए खड़ा है
ए] कम उत्सर्जन प्रदर्शन
बी] तरल उत्सर्जक प्रदर्शन
सी] कम उत्सर्जक डायोड
डी] प्रकाश उत्सर्जक डायोड

औद्योगिक प्रशिक्षण संस्थान

मासिक टेस्ट -8, अंक- 20, तिथिः- _______________

(प्रत्येक प्रश्न दो अंक का होता है)

4] कंप्यूटर स्क्रीन पर करंट दिखाने के लिए इस्तेमाल किया जाने वाला मार्कर स्थिति को __________ कहा जाता है
ए] रंगीन मार्कर
बी] स्थिति चेकर
सी] कर्सर
डी] उपरोक्त में से कोई नहीं
5] निम्नलिखित में से किस डिवाइस का उपयोग टेक्स्ट दर्ज करने के लिए किया जाता है और
कंप्यूटर में संख्यात्मक डेटा?
ए] प्लॉटर
बी] स्कैनर
सी] प्रिंटर
डी] कीबोर्ड
6] प्रिंटर रिजोल्यूशन को आमतौर पर _________ में मापा जाता है
ए] वर्ण प्रति मिनट (सीपीएम)
बी] पिक्सेल प्रति इंच (पीपीआई)

सी] पेज प्रति मिनट (पीपीएम)

डी] डॉट्स प्रति इंच (डीपीआई)

7] ________ एक इनपुट डिवाइस है जो एनालॉग सूचना को डिजिटल रूप में परिवर्तित करता है]

ए] प्लॉटर

बी] ट्रैक बॉल

सी] लाइट पेन

डी] डिजिटाइज़र

8] ___________ एक विशेष प्रकार का ऑप्टिकल स्कैनर है जिसका उपयोग पेन या पेंसिल द्वारा बनाए गए निशान के प्रकार को पहचानने के लिए किया जाता है]

ए] ऑप्टिकल कैरेक्टर रीडर

बी] बार कोड रीडर

सी] ऑप्टिकल मार्क रीडर

डी] उपरोक्त में से कोई नहीं

9] निम्नलिखित में से कौन गैर-उत्सर्जक प्रदर्शन है?

ए] एलईडी

बी] एलसीडी

सी] दोनों (ए) और (बी)

डी] उपरोक्त में से कोई नहीं

10] ___________ प्रिंटर पात्रों को रिबन पर प्रहार करके प्रिंट करते हैं जिसे बाद में कागज पर दबाया जाता है]

ए] प्रभाव

बी] गैर प्रभाव

सी] दोनों (ए) और (बी)

डी] उपरोक्त में से कोई नहीं

1] क्रेडिट कार्ड पर जानकारी पढ़ने के लिए किस इनपुट डिवाइस का उपयोग किया जाता है?

ए] ग्राफिक टैबलेट

बी] न्यूमेरिक कीबोर्ड

सी] बार कोड रीडर

डी] चुंबकीय पट्टी पाठक

2] एलसीडी __________ के लिए खड़ा है

ए] लाइट क्रिस्टल डिस्प्ले

बी] कम क्रिस्टल डिस्प्ले

सी] कम क्रिस्टल डिस्प्ले

डी] लिक्विड क्रिस्टल डिस्प्ले

3] निम्नलिखित में से कौन माउस के रूप में कार्य करता है?

कुंजीपटल

बी] स्कैनर

सी] ट्रैक बॉल

डी] उपरोक्त में से कोई नहीं

औद्योगिक प्रशिक्षण संस्थान

मासिक टेस्ट-9, अंक- 20, दिनांक:- ________________

(प्रत्येक प्रश्न दो अंक का होता है)

4] एक कंप्यूटर ऑपरेटर द्वारा किया गया कार्य प्रदर्शित होता है जिसमें कंप्यूटर का हिस्सा?

ए] सीपीयू

बी] वीडीयू

सी] एएलयू

डी] उपरोक्त में से कोई नहीं

5] जिसमें टेक्स्ट कैरेक्टर की फोटो स्कैनिंग शामिल है चरित्र, स्कैन की गई छवि का विश्लेषण, और फिर चरित्र छवि का चरित्र कोड में अनुवाद?

ए] ओसीआर

बी] ओएमआर

सी] बार कोड रीडर

डी] उपरोक्त में से कोई नहीं

6] ओसीआर प्रसंस्करण में, जब किसी चरित्र को पहचाना जाता है, तो उसे ________ कोड में बदल दिया जाता है]

ए] बाइनरी

बी] ASCII

सी] दोनों (ए) और (बी)

डी] उपरोक्त में से कोई नहीं

7] लेजर प्रिंटर और इंक-जेट प्रिंटर ________ के उदाहरण हैं

ए] प्रभाव

बी] गैर प्रभाव

सी] दोनों (ए) और (बी)

डी] उपरोक्त में से कोई नहीं

8] निम्नलिखित में से कौन कई हवाई जहाजों के कॉकपिट में प्रमुख उड़ान नियंत्रण के रूप में प्रयोग किया जाता है?

ए] ग्राफिक टैबलेट

बी] जॉय स्टिक

सी] बार कोड रीडर

डी] चुंबकीय पट्टी पाठक

9] टीएफटी ________ के लिए खड़ा है

ए] मोटी फिल्म ट्रांजिस्टर

बी] पतली फिल्म ट्रांजिस्टर

सी] पतली फिल्म ट्रांसमीटर

डी] मोटी फिल्म ट्रांसमीटर

10] उत्पाद की जानकारी इनपुट करने के लिए प्वाइंट ऑफ सेल्स पर निम्नलिखित में से किसका उपयोग किया जाता है?

ए] ग्राफिक टैबलेट

बी] माइक्रो

सी] बार कोड रीडर

डी] चुंबकीय पट्टी पाठक

1] क्रेडिट कार्ड के लिए पिन नंबर डालने के लिए किस इनपुट डिवाइस का उपयोग किया जाता है?

ए] ग्राफिक टैबलेट

बी] संख्यात्मक पैड

सी] बार कोड रीडर

डी] चुंबकीय पट्टी पाठक

2] __________ एक उपकरण है जिसका उपयोग बार कोडित डेटा को पढ़ने के लिए किया जाता है (इसमें हल्की और गहरी रेखाएँ होती हैं)]

ए] ग्राफिक टैबलेट

बी] संख्यात्मक पैड

सी] बार कोड रीडर

डी] चुंबकीय पट्टी पाठक

3] कौन सा इनपुट डिवाइस आमतौर पर लैपटॉप की एक मानक विशेषता है?

ए] ग्राफिक टैबलेट

बी] न्यूमेरिक कीबोर्ड

सी] टच पैड

डी] चुंबकीय पट्टी पाठक

औद्योगिक प्रशिक्षण संस्थान

मासिक टेस्ट-10, अंक- 20, दिनांक:- ________________

(प्रत्येक प्रश्न दो अंक का होता है)

4] __________ ऐसे उपकरण हैं जो विद्युत ऊर्जा को प्रकाश में परिवर्तित करते हैं]

ए] एमिसिव डिस्प्ले

बी] गैर-उत्सर्जक प्रदर्शन

सी] दोनों (ए) और (बी)

डी] उपरोक्त में से कोई नहीं

5] निम्न में से किस इनपुट डिवाइस का उपयोग बैंकों में पढ़ने के लिए किया जाता है चेक पर चुम्बकित अक्षर?

ए] ओसीआर

बी] माइक्रो

सी] बार कोड रीडर

डी] चुंबकीय पट्टी पाठक

6] __________ प्रिंटर रिबन का उपयोग किए बिना वर्णों को प्रिंट करते हैं और यह एक बार में एक पूरा पेज प्रिंट कर सकता है]

ए] प्रभाव

बी] गैर प्रभाव

सी] दोनों (ए) और (बी)

डी] उपरोक्त में से कोई नहीं

7] इम्पैक्ट प्रिंटर को ______ प्रकारों में विभाजित किया जा सकता है]

ए] चार

बी] छह

सी] तीन

डी] दो

8] ________ प्रिंटर वे प्रिंटर हैं जो एक समय में एक वर्ण प्रिंट करते हैं]

ए] लेजर

बी] ड्रम

सी] चेन

डी] डॉट मैट्रिक्स

9] निम्नलिखित में से कौन कैरेक्टर प्रिंटर के लिए एक उदाहरण है?

ए] लेजर

बी] ड्रम

सी] चेन

डी] डेज़ी व्हील

10] निम्न में से कौन लाइन प्रिंटर के लिए एक उदाहरण है?

ए] लेजर

बी] ड्रम

सी] डेज़ी व्हील

डी] डॉट मैट्रिक्स

2] सॉफ्टवेयर ____ को संदर्भित करता है

ए] फर्मवेयर

B] भौतिक घटक जिनसे एक कंप्यूटर बना होता है

सी] कार्यक्रम

डी] उपरोक्त में से कोई नहीं

3] सॉफ्टवेयर को ________ के रूप में वर्गीकृत किया जा सकता है

ए] फर्मवेयर और हार्डवेयर

बी] सिस्टम सॉफ्टवेयर और फर्मवेयर

सी] एप्लीकेशन सॉफ्टवेयर और हार्डवेयर

डी] सिस्टम सॉफ्टवेयर और एप्लीकेशन सॉफ्टवेयर

4] इस प्रकार का सॉफ़्टवेयर अधिकांश तकनीकी विवरणों को संभालने के लिए अंतिम उपयोगकर्ताओं, एप्लिकेशन सॉफ़्टवेयर और कंप्यूटर हार्डवेयर के साथ काम करता है]

ए] संचार सॉफ्टवेयर

बी] एप्लीकेशन सॉफ्टवेयर

सी] उपयोगिता सॉफ्टवेयर

डी] सिस्टम सॉफ्टवेयर

औद्योगिक प्रशिक्षण संस्थान

मासिक टेस्ट-11, अंक- 20, दिनांक:- ________________

(प्रत्येक प्रश्न दो अंक का होता है)

5] ___________ प्रोग्राम कंप्यूटर सिस्टम के रखरखाव से संबंधित दिन-प्रतिदिन के कार्य करते हैं]

ए] ऑपरेटिंग सिस्टम

बी] सिस्टम यूटिलिटीज

सी] भाषा अनुवादक

डी] एप्लीकेशन सॉफ्टवेयर

6] एप्लीकेशन सॉफ्टवेयर

ए] प्रोग्रामर की मदद करने के लिए डिज़ाइन किया गया है

बी] ऑपरेटिंग सिस्टम को नियंत्रित करने के लिए प्रयोग किया जाता है

सी] कंप्यूटर उपयोगकर्ताओं के लिए विशिष्ट कार्य करता है

डी] केवल डिजाइन बनाने के लिए प्रयोग किया जाता है

7] यह प्रोग्राम का सेट है जो आपके कंप्यूटर के हार्डवेयर डिवाइस और एप्लिकेशन सॉफ्टवेयर को एक साथ काम करने में सक्षम बनाता है]

ए] ऑपरेटिंग सिस्टम

बी] हेल्पर सॉफ्टवेयर

सी] सिस्टम सॉफ्टवेयर

डी] एप्लीकेशन सॉफ्टवेयर

8] निम्नलिखित में से कौन सिस्टम सॉफ्टवेयर का एक उदाहरण है/हैं?

ए] डिवाइस ड्राइवर्स

बी] भाषा अनुवादक

सी] सिस्टम यूटिलिटीज

D। उपरोक्त सभी

9] ______ कंप्यूटर में लोड सॉफ्टवेयर की पहली परत है

स्मृति जब यह शुरू होती है]

ए] डिवाइस ड्राइवर्स

बी] भाषा अनुवादक

सी] सिस्टम यूटिलिटीज

डी] ऑपरेटिंग सिस्टम

10] ______ सिस्टम प्रोग्राम हैं, जो के लिए जिम्मेदार हैं

उपकरणों का उचित कार्य]

ए] डिवाइस ड्राइवर्स

बी] भाषा अनुवादक

सी] सिस्टम यूटिलिटीज

डी] ऑपरेटिंग सिस्टम

1] एक ________ प्रोग्रामिंग भाषाओं को मशीनी भाषा में बदलने में मदद करता है]

ए] ऑपरेटिंग सिस्टम

बी] सिस्टम यूटिलिटीज

सी] भाषा अनुवादक

डी] एप्लीकेशन सॉफ्टवेयर

2] निम्नलिखित में से कौन एक ऑपरेटिंग का उदाहरण है/हैं

व्यवस्था?

ए] यूनिक्स

बी] लिनक्स

सी] विंडोज एक्सपी

D। उपरोक्त सभी

3] भाषा अनुवादकों को तीन प्रमुख श्रेणियों में विभाजित किया जा सकता है] वे __________ हैं

ए] कंपाइलर, ऑपरेटिंग सिस्टम और असेंबलर

बी] कंपाइलर, डिवाइस ड्राइवर और असेंबलर

सी] कंपाइलर, दुभाषिया और सिस्टम उपयोगिता

डी] कंपाइलर, दुभाषिया और असेंबलर

4] निम्नलिखित में से कौन सी भाषा मशीन कोड के सबसे करीब है?

ए] कंपाइलर

बी] दुभाषिया

सी] असेंबलर

डी] उपरोक्त में से कोई नहीं

औद्योगिक प्रशिक्षण संस्थान

मासिक टेस्ट-12, अंक- 20, दिनांक:- __________________

(प्रत्येक प्रश्न दो अंक का होता है)

5] जो पूरे प्रोग्राम को देखे बिना, लाइन-बाय-लाइन तरीके से सोर्स कोड का विश्लेषण और निष्पादन करता है?

ए] कंपाइलर

बी] दुभाषिया

सी] असेंबलर

डी] उपरोक्त में से कोई नहीं

6] एक _________ एक विशेष कार्यक्रम है जो एक विशेष प्रोग्रामिंग भाषा में लिखे गए बयानों को संसाधित करता है और उन्हें मशीनी भाषा में बदल देता है]

ए] कंपाइलर

बी] डिवाइस ड्राइवर

सी] असेंबलर

डी] उपरोक्त में से कोई नहीं

7] ____________ एक सॉफ्टवेयर है जिसका उपयोग इलेक्ट्रॉनिक दस्तावेजों को बनाने, प्रारूपित करने, संपादित करने और प्रिंट करने के लिए किया जाता है]

ए] स्प्रेडशीट्स

बी] वर्ड प्रोसेसर

सी] छवि संपादक

डी] उपरोक्त में से कोई नहीं

8] निम्नलिखित में से कौन वर्ड प्रोसेसर का उदाहरण है/हैं?

ए] माइक्रोसॉफ्ट वर्ड

बी] वर्डपरफेक्ट

सी] दोनों (ए) और (बी)

डी] उपरोक्त में से कोई नहीं

9] ______ को विशेष रूप से कैप्चर करने, बनाने, संपादित करने के लिए डिज़ाइन किया गया है

और छवियों में हेरफेर?

ए] स्प्रेडशीट्स

बी] वर्ड प्रोसेसर

सी] छवि संपादक

डी] उपरोक्त में से कोई नहीं

10] निम्नलिखित में से कौन स्प्रैडशीट का उदाहरण है/हैं?

ए] माइक्रोसॉफ्ट एक्सेल

बी] कमल 1-2-3

सी] दोनों (ए) और (बी)

डी] उपरोक्त में से कोई नहीं

1] जो किसी भी प्रोग्राम को संदर्भित करता है जो कॉपी राइट नहीं है?

ए] फ्रीवेयर

बी] शेयरवेयर

सी] ओपन सोर्स सॉफ्टवेयर

डी] पब्लिक डोमेन सॉफ्टवेयर

2] दिए गए कॉपीराइट सॉफ़्टवेयर के लिए आमतौर पर किस शब्द का उपयोग किया जाता है

इसके लेखक द्वारा मुक्त?

ए] फ्रीवेयर

बी] शेयरवेयर

सी] ओपन सोर्स सॉफ्टवेयर

डी] पब्लिक डोमेन सॉफ्टवेयर

3] __________ वह सॉफ्टवेयर है जो लोगों को सीमित अवधि के लिए प्रतियों को पुनर्वितरित करने की अनुमति के साथ आता है]

ए] फ्रीवेयर

बी] शेयरवेयर

सी] ओपन सोर्स सॉफ्टवेयर

डी] पब्लिक डोमेन सॉफ्टवेयर

4] लिनक्स एक प्रकार का ____________ है

ए] फ्रीवेयर

बी] शेयरवेयर

सी] ओपन सोर्स सॉफ्टवेयर

डी] पब्लिक डोमेन सॉफ्टवेयर

www.ingramcontent.com/pod-product-compliance
Ingram Content Group UK Ltd.
Pitfield, Milton Keynes, MK11 3LW, UK
UKHW021918190726
13853UKWH00002B/724